EINS ZWEI ZAUBEREI

Michael Sondermeyer
und Uwe Schenk

Verblüffende Zaubertricks für Kinder

KOSMOS

Inhalt

Bevor es losgeht 6 – 11

Tricks mit Spielen 12 – 35

Tricks mit Seilen 36 – 53

Tricks mit der Zaubermappe 54 – 67

Tricks mit Joghurtbechern 68–75

Verschiedene Tricks 76–93

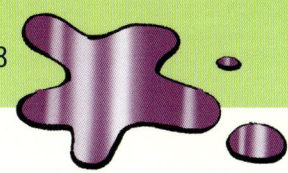

Die Zaubershow 94–108

Bevor es losgeht

Wir, die Autoren dieses Buches, möchten uns dir erst einmal vorstellen: Wir heißen Uwe Schenk und Michael Sondermeyer und sind beide Zauberkünstler. Wir haben beide schon gezaubert und Zauberbücher gelesen, als wir noch Kinder waren. Wahrscheinlich waren wir damals etwa in deinem Alter. Und auch heute noch sind wir begeisterte Zauberer!

Es gibt keine richtigen Zauberer

Das weißt du wahrscheinlich längst! Alle Zauberkünstler arbeiten stattdessen mit Tricks, die jeder lernen kann. Das bedeutet aber, dass Zauberkunststücke nicht einfach so von selbst funktionieren, nur weil man es will. Um ein Kunststück vorführen zu können, muss man wissen, wie es geht, und muss es üben.

Zaubern kann man nicht so lernen, wie man zum Beispiel lesen lernt – dabei beginnen alle auf die gleiche Weise und lernen nach und nach immer mehr, bis sie es können. Beim Zaubern kann man auf ganz unterschiedliche Arten beginnen. Du könntest zum Beispiel erst einen Kartentrick gelernt haben oder Tricks aus einem Zauberkasten vorführen.
Es gibt auch Zauberkünstler, die nur wenige Kunststücke können, diese aber ganz toll vorführen. Das heißt also: Es gibt keine Tricks oder Techniken, die ein Zauberkünstler unbedingt können muss, aber einige, die die meisten Zauberkünstler kennen und anwenden. In diesem Buch lernst du Kunststücke mit den unterschiedlichsten Requisiten kennen, die du ausprobieren und vorführen kannst.

Ein Zauberer verrät keine Tricks

Das gilt natürlich auch für dich, sobald du dich mit den Kunststücken in diesem Buch beschäftigst. Nun sagst du sicher: „Typisch Erwachsene! Die schreiben, dass man Zaubertricks nicht erklären soll, und was tun sie? Sie erklären Zaubertricks!" Wir müssen zugeben, das ist ein Widerspruch, aber: Wie sollte es Zauberkünstler geben, wenn jeder Zauberer seine Tricks für sich behalten würde? Dann wäre nämlich die Zauberkunst in kürzester Zeit ausgestorben und keiner wüsste mehr, wie irgendein Trick geht.
Es müsste also genauer heißen: Ein Zauberkünstler verrät nicht wahllos jedem, wie er seine Tricks macht. Er überlegt sich sehr genau, wem er einen Trick verrät.

Wenn du Hilfe brauchst

Bei einigen Kunststücken benötigst du Dinge, die du vielleicht allein nicht besorgen kannst. Oder du benötigst beim Basteln etwas Hilfe. Dann zeig deinen Eltern die entsprechende Stelle im Buch, mehr aber nicht. Wenn sie vor deiner ersten Zaubervorstellung schon wissen, was geschieht, sind sie nämlich keine guten Zuschauer mehr! Das ist übrigens auch der Grund, warum man ein Kunststück (von Ausnahmen abgesehen) nicht zweimal vor demselben Publikum zeigen sollte. Wenn die Zuschauer schon wissen, was kommt, dann passen sie viel besser auf und kriegen vielleicht heraus, wie der Trick funktioniert.

Erwachsene – das ideale Publikum

Am besten wäre es, wenn du deine ersten eingeübten Zaubertricks vor Erwachsenen und nicht vor Gleichaltrigen vorführst. Wir können dir aus unserer Erfahrung sagen, dass es einfacher ist, vor Erwachsenen aufzutreten. Erwachsene lassen sich in der Regel gerne von Kindern „bezaubern" und haben ihren Spaß daran. Wenn du dagegen vor deinen Freunden zauberst, nehmen sie dich in deiner Rolle als Zauberkünstler vielleicht nicht richtig ernst und bestürmen dich nach jedem Kunststück damit, doch zu verraten, wie du es gemacht hast.

Die Größe des Publikums

Einige bekannte Zauberkünstler haben große Bühnen- oder sogar Fernsehshows mit riesigen Requisiten, die man auch sehen kann, wenn man als Zuschauer in der letzten Reihe einer großen Halle sitzt. Andere zaubern nur am Tisch für einige wenige Zuschauer.
Die Kunststücke, die wir dir in diesem Buch vorstellen, sind für eine Gruppe von etwa 6 – 15 Zuschauern gedacht, vor denen du stehend zauberst. Man muss sich als Zauberkünstler nämlich vor einer Vorstellung überlegen, ob auch alle Zuschauer sehen können, was man vorne vorführt.

Der Vortrag

Ein Zauberprogramm sollte so flüssig ablaufen, dass die Zuschauer keine Zeit haben, sich zu überlegen, wie die einzelnen Kunststücke funktionieren. Das Trickgeheimnis sollte ohnehin nicht das Wichtigste für die Zuschauer sein. Wir führen ihnen ja keine Rätsel oder Denksportaufgaben vor, sondern wir wollen sie unterhalten. Und Unterhaltung ist am schönsten, wenn die Zuschauer lachen oder staunen und nicht sofort grübeln und nachdenken.

Damit die Zuschauer aber gut unterhalten werden, ist es besonders wichtig, was du bei der Vorführung erzählst. Man nennt das den *Vortrag* zu einem Trick. Erst der Vortrag macht aus einem Trick ein echtes Kunststück. Es reicht also nicht, wortlos vor seinem Publikum zu stehen oder irgendetwas Sinnloses daherzuplappern wie: „Äh, ich habe hier einen ... äh ...“ Deshalb haben wir bei den folgenden Kunststücken immer auch beschrieben, was du dazu erzählen kannst. Bei deinen ersten Vorführungen solltest du dich ziemlich genau an unsere Texte halten. Du wirst dann aber schon nach einigen Vorführungen merken, dass der Vortrag immer mehr zu deinem eigenen wird. In unserem Vortrag sprechen wir das Publikum mit „Sie“ an. Das änderst du natürlich in ein „Du“, wenn du im Familienkreis zauberst.

Womit man zaubert: Requisiten

Zu einigen Kunststücken in diesem Buch brauchst du Requisiten, zum Beispiel Dominosteine, Filmdosen usw. Wir haben bei der Auswahl der Dinge darauf geachtet, dass es leicht ist, sie zu besorgen. Wenn etwas gebastelt werden muss, brauchst du es in der Regel auch nur ein einziges Mal zu basteln und nicht für jede Vorstellung von Neuem.
Grundsätzlich gilt: Je natürlicher alles ist, was du beim Zaubern benutzt und tust, umso verblüffter ist das Publikum. Wenn du aus einem rot glitzernden Zauberkästchen eine gold schimmernde Kugel herauszauberst, vermutet

jeder Zuschauer sofort, dass diese Requisiten spezielle Zaubersachen sind, die extra für den Trick erfunden wurden. Wenn du aber Alltagsgegenstände benutzt, glaubt jeder, dass er diese Dinge kennt und man eigentlich damit nicht zaubern kann.

Effekte

Wenn du dir die Kunststücke in diesem Buch anschaust, wirst du feststellen, dass sie sehr unterschiedlich sind. Sie haben unterschiedliche Effekte, wie die Zauberkünstler sagen.
Der „Effekt" beschreibt, was bei einem Zaubertrick passiert. Ein Effekt ist zum Beispiel, etwas herzuzaubern, also erscheinen zu lassen. Andere Effekte sind, etwas verschwinden, wandern oder schweben zu lassen. Natürlich gibt es noch viele weitere Effekte. Ein kluger Zauberkünstler ist einmal auf ungefähr 20 gekommen. Wie viele fallen dir ein?

Du solltest bei deinem Programm auch immer darauf achten, dass möglichst viele unterschiedliche Effekte darin vorkommen. Es wäre zum Beispiel langweilig, wenn du immer nur Dinge verschwinden ließest: zuerst eine Taube, dann einen Ball und anschließend eine Blume. Es handelt sich dann zwar immer um andere Gegenstände, aber der Effekt – nämlich das Verschwinden – wäre immer der gleiche. Genauso langweilig wäre es auch für die Zuschauer, wenn du das ganze Programm nur mit einem Requisit, also zum Beispiel mit einem Seil vorführen würdest. Dann gäbe es zwar verschiedene Effekte – man kann es zerschneiden und wieder ganz machen, man kann es stocksteif werden lassen, man kann es verlängern – aber die Zuschauer würden es nach einiger Zeit trotzdem eintönig finden.

Ein heikles Thema: Üben

Zaubern zu lernen, ist so ähnlich wie ein Musikinstrument zu spielen. Erst musst du die einzelnen Lieder üben, bevor du sie fehlerfrei spielen und vielleicht bei einem Konzert aufführen kannst. Genauso ist es auch mit den Zaubertricks: Wenn man sie schlecht vorführt, wirken sie nicht.

Die Frage, wie man am besten üben soll, ist schwer zu beantworten, denn jeder lernt anders. Der eine kann einen Tick schon, wenn er ihn nur einige Male für sich geprobt hat, ein anderer braucht länger dazu. Du musst deshalb lernen, selbst zu entscheiden, wann ein Trick „vorführreif" ist. In vielen Zauberbüchern kann man lesen, dass man vor einem Spiegel üben soll. Darin sieht man sich aber immer nur aus einem Blickwinkel, so als ob bei einer Vorstellung nur ein einziger Zuschauer zugucken würde. Bei einer echten Zaubervorstellung sind es aber meist mehrere. Das Schwierige bei der Zauberei ist nämlich, dass die Zuschauer, vor denen du zauberst,

Tipp

Du kannst natürlich auch gemeinsam mit einem Freund oder einer Freundin Tricks einüben und ihr könnt sie dann auch zusammen vorführen. Einer führt das Kunststück vor, der andere assistiert, wenn das nötig ist, und beim nächsten Trick tauscht ihr.

etwas anderes sehen als du selbst. Erstens sehen sie es aus einem anderen Blickwinkel als du und zweitens sehen sie auch nicht alles (und das ist auch gut so!). Deshalb ist es am besten, wenn du einen Vertrauten hast, dem du die Tricks vorführen kannst. Diese Person muss natürlich ehrlich zu dir sein und dir sagen, was vielleicht noch falsch ist oder ob noch etwas zu sehen ist, was nicht zu sehen sein sollte.

Jetzt geht es los!

Zunächst beschreiben wir dir einige Kunststücke, die nach den Requisiten, die du benötigst, geordnet sind. Am Ende des Buches beschreiben wir, was du beachten musst, wenn du eine komplette Zaubershow geben willst. So ist zum Beispiel bei einem Zauberprogramm die Reihenfolge der gezeigten Kunststücke sehr wichtig. Nicht jeder Trick eignet sich als Anfangs- oder Schlusstrick und auch die übrige Abfolge ist nicht beliebig. Deshalb machen wir dir später auch einen Vorschlag für einen Programmablauf mit dem dazugehörenden Vortrag.

TRICKS MIT SPIELEN

In diesem Kapitel haben wir Kunststücke beschrieben, bei denen man Spiele oder Spielzeug benutzt. Einige dieser Dinge müssen zum Zaubern etwas verändert werden, aber die Mühe lohnt sich, denn die Zuschauer sind doppelt verblüfft, wenn du ein Kunststück vorführst, bei dem du ganz „normale" Gegenstände benutzt.

Der Puzzle-Trick

Effekt

Bei diesem Zaubertrick nimmst du einige Puzzleteile, wirfst diese in den umgedrehten Deckel des Puzzles, schüttelst ... und die meisten Teile haben sich „von allein" zusammengesetzt.

Geheimnis

Du kannst es natürlich versuchen, aber wir sind sicher, dass du keine zwei Teile durch Schütteln zusammenbekommst. Außerdem ist es gar nicht möglich, einfach so durch Zufall eine Handvoll Teile aus dem Spiel herauszugreifen, die zusammenpassen. Es ist natürlich ein Trick dabei: Das Puzzlespiel ist präpariert.

„Präpariert" kommt aus dem Lateinischen und bedeutet so viel wie „vorbereitet". Bei Zauberern bedeutet Präparation, dass ein Gegenstand verändert wurde, um ein Zauberkunststück damit vorführen zu können. Die Zuschauer dürfen davon natürlich nichts bemerken. Die Präparation des Puzzlespiels erfordert etwas Bastelarbeit, die aber recht einfach ist.

⭐ Material

- ★ ein altes Puzzlespiel
- ★ Pappe
- ★ Klebstoff (am besten Puzzle-Kleber) oder Klebefilm
- ★ Messer oder Schere
- ★ Lineal
- ★ evtl. klein gemustertes Geschenkpapier

Vorbereitung

★ Das Puzzle kann ruhig alt und unvollständig sein, aber es sollte noch viele Teile haben. Leider ist es nach der Präparation nicht mehr zu gebrauchen. Für einen besseren Effekt verwendest du am besten ein Puzzle mit vielen kleinen Teilen.

★ Zuerst veränderst du den Deckel des Spiels. Dazu benötigst du ein Stück Pappe, das genauso breit ist wie der Innenraum deines Puzzlespiel-Deckels, aber in der Länge nur etwas mehr als die Hälfte des Deckels bedeckt. Die Pappe sollte die gleiche Färbung haben wie die vom Puzzlespiel-Deckel (Bild 1). Wenn du eine solche Pappe nicht findest, beklebst du die Pappe und den Puzzlespiel-Deckel von innen mit Papier, das ein kleines unregelmäßiges Muster hat.

★ Mit der Pappe bastelst du eine Art Tasche in den Deckel. Dafür schneidest du mit einer Schere oder einem Messer und einem Lineal an einer Breitseite der Pappe einen halben Zentimeter vom Rand entfernt eine gerade Linie ein (Bild 2). Dann knickst du die Pappe an der Linie entlang und klebst den Rand an einer Seitenwand des Deckels fest (Bild 3). Die ganze Pappe liegt dadurch mit etwas Abstand im Deckel. Für die Vorführung des Kunststücks ist es gut, wenn sich die Pappe im Deckel nicht zu leicht bewegen lässt, sondern eher an den Rändern etwas schleift. Dann ist die Gefahr nicht so groß, dass sie aus dem Deckel herausklappt.

★ Setz nun einen Teil des Puzzles zusammen. Das Puzzlestück sollte einen großen Teil der eingeklebten Pappe bedecken. Wichtig ist vor allem, dass die obere Kante der Pappe zum größten Teil mit Puzzlestücken bedeckt ist, denn die Zuschauer dürfen nicht sehen, dass der Deckel eine „Tasche" hat.

★ Das zusammengesetzte Puzzlestück klebst du nun so auf die Pappe im Deckel, dass der Rand des Puzzlestücks genau mit dem Rand der Pappe abschließt. Kleb die Puzzleteile jedoch nicht einzeln der Reihe nach auf die Pappe, denn oft verschieben sich schon nach wenigen Teilen die Reihen untereinander. Kleb das Puzzlestück besser vorher mit Puzzlekleber zusammen und leg es dann als Ganzes auf die Pappe. Wenn du keinen Puzzlekleber hast, drehst du dein Puzzlestück um, bestreichst es dünn mit Klebstoff oder klebst zwei Streifen Klebefilm darüber.
Natürlicher sieht es übrigens aus, wenn in deinem Puzzlestück ab und zu ein Teil fehlt (Bild 4).

★ Du ahnst sicher schon das Trickgeheimnis: Wenn die Pappe mit dem aufgeklappten Puzzlestück im Deckel liegt, kann man nicht mehr erkennen, dass der Deckel nicht mehr ganz gerade und durchgehend ist und sich unter dem Puzzlestück noch etwas verbirgt. Vor allem, wenn du deinen Deckel und die Pappe mit einem Papier beklebt hast, das ein ganz unregelmäßiges Muster hat, ist der Rand der Pappe selbst auf kürzeste Entfernung nicht mehr zu erkennen. Bevor du das Kunststück zeigst, stellst du den Puzzlekasten halb in den Deckel, sodass dieser die Präparation verdeckt, und legst die restlichen Puzzleteile lose in den Kasten (Bild 5). Wenn die eingeklebte Pappe an den Rändern des Deckels etwas schleift, hebst du sie vor der Vorführung etwas an, sodass ein kleiner Spalt zwischen Deckelboden und Pappe entsteht.

Vorführung

★ Du erklärst deinen Zuschauern: „Zauberer zeigen meistens etwas ‚weltfremde' Kunststücke. Anstatt das Geschirr sauber zu zaubern oder die Hausaufgaben ‚magisch' zu erledigen, zaubern sie lauter Dinge, mit denen man im Alltag nichts anfangen kann. Ein kleiner Versuch, etwas Praktisches zu zaubern, ist jedoch das nächste Kunststück."

★ Du hebst das Puzzlespiel samt Deckel auf, nimmst dann den Kasten aus dem Deckel und stellst ihn neben dich auf den Tisch. Den Deckel drehst du gleichzeitig etwas zu dir, sodass die Zuschauer nicht in das Innere schauen können.

★ Dazu sagst du: „Sie alle wissen, wie mühselig es sein kann, ein Puzzle zusammenzusetzen. Ich habe lange nach einer Möglichkeit gesucht, dies zu vereinfachen. Es ist noch nicht perfekt – aber

ich versuche es einmal. Zuerst muss man üben, ganz konzentriert mit einem Griff passende Teile aus dem Kasten zu nehmen. Das spart das lästige Sortieren."

Bei diesen Worten greifst du in den Kasten und nimmst eine Handvoll Puzzleteile heraus. Diese lässt du aus der Hand in den Deckel rieseln, den du mit der Öffnung der „Tasche" nach oben und leicht zu dir geneigt hältst (Bild 6). Die Teile müssen in den oberen Teil des Deckels fallen, der nicht von der Pappe bedeckt ist. Es macht aber nichts, wenn einige auch auf dem fertigen Puzzlestück landen. Das verstärkt bei den Zuschauern später sogar noch den Eindruck, dass es sich wirklich um einzelne Puzzlestücke handelt.

★ Du sagst: „Wenn es geht, versucht man die Teile sofort richtig zu platzieren und dann … sortiert man sie und fügt sie zusammen." Du hältst den Deckel dabei zwischen beiden Händen – immer noch zu dir geneigt – und machst kreisende Bewegungen, so als ob du tatsächlich versuchen würdest, die Teile zu ordnen.

In Wirklichkeit lässt du jetzt alle Teile unter die Pappe

rutschen (Bild 7). Falls die Pappe zu dicht am Deckel aufliegt, kannst du sie entweder mit den Fingern etwas anheben oder auch ganz in den Deckel greifen und einige unter die Pappe schieben. In diesem Fall sagst du einfach: *„Da klemmt ein Teil!"* (Bild 8).

★ Wenn alle Teile unter der Pappe liegen, drehst du den Deckel so, dass die Klebekante der Pappe zu den Zuschauern zeigt. Dann setzt du einen Finger auf das aufgeklebte Puzzlestück, als ob du es vor dem Verrutschen bewahren wolltest, und hebst den Deckel langsam in Richtung der Zuschauer. Der Finger soll verhindern, dass die Pappe aus dem Deckel herausklappt (Bild 9). Dabei sagst du: *„Wir haben jetzt leider keine Zeit, das Puzzle ganz fertig zu machen – aber bis hierhin sieht es doch schon ganz gut aus!"* Du hältst den Deckel dabei die ganze Zeit so, als hättest du Angst, dass das Puzzle wieder auseinandergeht. Dann verbeugst du dich kurz, nimmst den Kasten vom Tisch und setzt ihn vorsichtig wieder in den Deckel. Das Ganze stellst du nun außer Reichweite der neugierigen Zuschauer ab.

Der Memo-Trick

Vielleicht hast du noch ein altes Memospiel. Es macht nichts, wenn es nicht vollständig ist, denn du brauchst nur zehn Paare für diesen Trick. Du kannst dir natürlich auch selbst zehn Kartenpaare aus Pappquadraten basteln. Die Bilder malst oder klebst du auf. Damit der Trick bei den Zuschauern richtig wirkt, sollten die Kartenpaare allerdings wirklich gleich sein und nicht nur irgendwie ähnlich.

Dieses Kunststück benötigt zwar eine etwas längere und kompliziert erscheinende Erklärung, aber der Trick ist einer der besten und wirkungsvollsten dieses Buches!

Effekt

Der Zauberer legt 20 Memokarten verdeckt im Rechteck auf dem Tisch aus. Dann dreht er eine der Karten um und erklärt, dass es gar nicht so leicht sei, mit einem Versuch die zweite, dazu passende Karte zu finden. Ein Zuschauer probiert es und schafft es natürlich nicht. Aber es wird noch schwieriger: Der Zauberer nimmt verdeckt eine Karte und legt sie vor sich hin. Nun soll der Zuschauer versuchen, die passende Karte – auch verdeckt – zu finden und – ebenfalls verdeckt – vor sich auf den Tisch zu legen. Jetzt ist der Zauberer wieder an der Reihe, dann der Zuschauer usw. Zum Schluss liegt ein kleiner Kartenstapel vor beiden Mitspielern. Drehen nun beide jeweils ihre Karten gleichzeitig um, zeigt sich, dass es immer die zusammengehörenden Paare sind. Der Zuschauer hat die richtigen Karten gefunden, allerdings ohne zu wissen, wie.

Geheimnis

Es gibt eine ganz alte Methode, die schon vor mehr als 250 Jahren von Zauberkünstlern benutzt wurde. Die Methode heißt: *Mutus, Dedit, Nomen, Cocis*. Das sind lateinische Wörter, hinter denen ein System steckt: Erstens hat jedes Wort fünf Buchstaben, also vier Wörter mal fünf Buchstaben, das sind zusammen 20 – genauso viele, wie wir Karten für unseren Trick benutzen. Zweitens kommt in diesen vier Wörtern zusammen jeder Buchstabe genau zweimal vor, wie bei den Karten auch jede zweimal vorkommt. Die zweite Methode, die du für diesen Trick brauchst, heißt x-plus-eins. Die Erklärung dieser komischen Formel folgt später!

Der Haken an dem Trick: Du musst dir die Wörter *Mutus, Dedit, Nomen, Cocis* merken, sie auswendig lernen. Am besten merkst du sie dir, wenn sie in vier Reihen untereinander stehen:

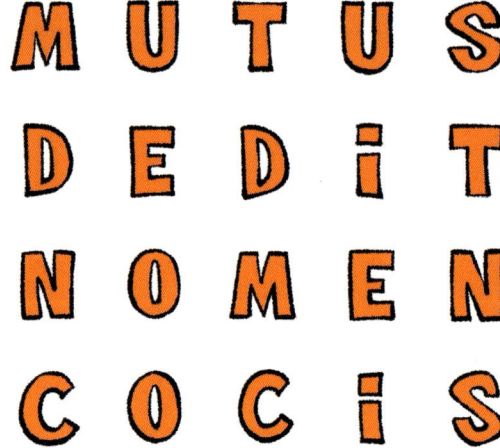

①

Vorbereitung

So musst du dann auch die Karten auf dem Tisch auslegen, also in vier Reihen von je fünf Karten. Jeder Buchstabe unseres Spruchs steht für eine Karte. Dabei bedeuten gleiche Buchstaben auch gleiche Karten. Du brauchst dir also für den Trick nicht zu merken, welches Paar wo liegt. Es reicht zu wissen, an welcher Stelle zwei zusammengehörende Karten liegen. Die eine Karte, die für das „M" steht, liegt also einmal als erste Karte in der ersten Reihe und einmal als dritte, mittlere Karte in der dritten Reihe von oben. Zweites Beispiel: Die Karten, die für das „S" stehen, liegen in der ersten und letzten Reihe jeweils an letzter Stelle. Üb nun auch, mit dieser Methode die Kartenpaare zu finden.

★ Leg die 20 Karten, die du zu dem Kunststück benutzen willst, offen nach unserem System vor dir aus (Bild 1).

★ Leg sie nun nacheinander in deine Hand, zuerst die Karte oben links (das „M"). Dann legst du die Karte rechts daneben (das" U") auf die „M"-Karte in deiner Hand, darauf dann die „T"-Karte und so weiter, bis zum Ende der Reihe. Bei der nächsten Reihe fängst du wieder links an (mit der „D"-Karte) und machst immer weiter, bis du einen Stapel von 20 Karten in der Hand hältst.

② ③ ④

★ Dreh nun den Stapel mit der Rückseite der Karten nach oben (Bild 2). Wenn du die Karten dann während der Vorführung von links nach rechts und von oben nach unten auslegst, liegen sie wieder passend zu den Buchstaben, nur diesmal verdeckt. Deine Zuschauer dürfen natürlich nicht wissen, dass die Karten in einer bestimmten Reihenfolge liegen und auch, dass es sich um genau 20 Karten handelt, brauchst du nicht zu erwähnen.

Vorführung

★ Zu Beginn des Kunststücks fächerst du die Karten mit der Bildseite zu den Zuschauern ein wenig auf und sagst: „Ich habe hier einige Memokarten, die ich verdeckt auf dem Tisch auslege." Durch das Auffächern sieht dein Publikum, dass die Karten (scheinbar) ungeordnet sind (Bild 3).

★ Dreh sie dann wieder mit der Bildseite nach unten und leg sie aus. Du musst die Karten genauso auslegen, wie du sie bei der Vorbereitung eingesammelt hast: Zuerst legst du die oberste Reihe von links nach rechts, dann die zweite Reihe von links nach rechts usw. (Bild 4). Liegen alle 20 Karten auf dem Tisch, weißt du durch unseren Spruch nun, wo jeweils zwei zusammengehörige Karten liegen, nämlich dort, wo bei dem Spruch gleiche Buchstaben sind. Wenn du den Spruch im Geiste vor dir hersagst, kannst du auf diese Weise schnell zwei gleiche Karten finden.

★ Zuerst lässt du dies jedoch einen Zuschauer probieren. Du kündigst an: „Ich werde nun einen von Ihnen bitten, ‚Zauberhaftes Memo' mit mir zu spielen". Der Zuschauer soll zwei der Kärtchen umdrehen und dabei versuchen, ein Paar zu finden. Es ist sehr unwahrscheinlich, dass ihm das gelingt. Wenn er es zufällig doch

schafft, sagst du: *„Da haben Sie aber wirklich Glück gehabt, das passiert sehr selten. Versuchen Sie es gleich noch einmal!"* Diesmal klappt es dann aber mit Sicherheit nicht.

★ Du nimmst nun selbst eine Karte auf und sagst zum Zuschauer: *„Ich nehme eine beliebige Karte und lege sie hier verdeckt vor mich auf den Tisch. Ich weiß nicht, welche es ist, und Sie auch nicht. Trotzdem sollen Sie nun versuchen, die zu meiner Karte passende zweite Karte zu finden. Entscheiden Sie sich für irgendeine und legen Sie sie ebenfalls verdeckt vor sich hin."* Jetzt habt ihr, du und der Zuschauer, jeweils eine Karte verdeckt vor euch auf dem Tisch liegen.

★ Nun gibt es zwei Möglichkeiten, von denen eine allerdings ziemlich unwahrscheinlich ist. Der Zuschauer könnte nämlich zufällig auf Anhieb wirklich die passende Karte erwischt haben. Du weißt hoffentlich, wie du das herausbekommst?

Richtig, mit unserem Vier-Wörter-Spruch. Die Karte, die du selbst nimmst, entspricht ja einem Buchstaben unseres Spruches, den du in Gedanken vor dir hersagst, und die Karte, die der Zuschauer auswählt, ebenfalls. Sind beide Buchstaben gleich, hat der Zuschauer tatsächlich die richtige Karte gefunden und das ist für unseren Trick gar nicht gut. In diesem Fall sagst du: *„Ich habe ja schon gesagt, dass weder Sie noch ich wussten, welche Karte wo liegt. Lassen Sie uns einmal nachschauen, für welche Karte Sie sich entschieden haben."* Lass den Zuschauer seine Karte umdrehen. *„Es ist (beispielsweise) eine Maus. Auf meiner Karte, die ich vorher schon genommen hatte, ist ... (dabei drehst du die Karte langsam um) ... auch eine Maus! Ich glaube, Sie können auch zaubern."*
Du beglückwünschst den Zuschauer zu seinem Erfolg und sagst: *„Weil es so gut geklappt hat, probieren wir es gleich noch einmal, und zwar gleich mit mehreren Karten."*

★ Dann beginnst du noch einmal von vorne, nur dass nun schon zwei Karten aus den vier Reihen fehlen.

★ Aber die Chance, dass der Zuschauer zufällig die richtige Karte erwischt, ist ziemlich gering. Normalerweise hat er eine andere Karte als du gewählt und dann tritt unsere zweite Methode „x-plus-eins" in Aktion. X-plus-eins bedeutet, dass du als zweite Karte diejenige nehmen musst, die dem Buchstaben der Karte entspricht, die der Zuschauer gerade als erste Karte genommen hat. Das heißt, dass du das Gegenstück der Karte nimmst, die der Zuschauer vor sich liegen hat und auf deine erste Karte legst. Sieh dir Bild 6 an: Du hast zum Beispiel als Erstes eine „T"-Karte genommen, der Zuschauer eine „N"-Karte. Im nächsten Schritt (Bild 7) nimmst du die andere „N"-Karte.

⑧

⑨

★ Nun nimmt der Zuschauer wieder eine Karte (in Bild 8 zum Beispiel das „E") und du nimmst anschließend die zweite Karte, die diesen Buchstaben hat (in Bild 9 das andere „E").

24

⑪

★ Dieses Spiel geht nun weiter, bis entweder alle Karten zwischen dir und dem Zuschauer aufgeteilt sind oder der Zuschauer das Gegenstück der Karte nimmt, die du als erste genommen hast. (In unserem Beispiel in Bild 10 nimmt der Zuschauer also das zweite „T".) Danach kannst du nicht mehr die andere Karte mit demselben Buchstaben nehmen, denn die liegt ja schon zuunterst in deinem Stapel. Das kann schon nach ein paar Karten der Fall sein. Dann sagst du sofort, als ob du sowieso vorgehabt hättest, an dieser Stelle Schluss zu machen: *„Damit es nicht zu lange dauert, wollen wir an dieser Stelle aufhören."*

★ Auf jeden Fall habt ihr nun beide einen Kartenstapel mit gleichen Karten vor euch liegen, nur dass die Karten in den beiden Stapeln nicht gleich liegen. Die Karte, die beim Zuschauer zum Beispiel unten liegt (in Bild 11 unten die Nase) liegt in deinem Stapel an zweiter Stelle von unten. Die Karte, die beim Zuschauer an zweiter Stelle von unten liegt (das Eis), liegt in deinem Stapel an dritter Stelle von unten usw. Dafür liegt die Karte, die in deinem Stapel als unterste liegt (der Turm) im Stapel des Zuschauers ganz oben.

★ Bevor du nun zeigen kannst, dass die Karten in beiden Stapeln gleich liegen, musst du also die unterste Karte deines Stapels nach oben bringen. Du kannst jetzt natürlich nicht einfach die Karte nehmen und oben auf dein Päckchen legen, sondern musst deinen Mitspieler und die anderen Zuschauer so ablenken, dass sie es nicht sehen. Das geht so:

★ Du ergreifst den Kartenstapel, der vor dir liegt, so mit deiner rechten Hand von oben, dass deine Finger zu den Zuschauern zeigen, der Daumen zu dir (Bild 12 oben). Durch diese Handhaltung sehen die Zuschauer fast nichts mehr von den Karten.

★ Nun gehst du mit deiner linken Hand zu dem Kartenstapel (Bild 12 unten), ziehst die unterste

Karte unter dem Stapel hervor und legst sie in einer Bewegung mit der Bildseite nach oben auf den Tisch. Gleichzeitig sagst du aber: *„Wir nehmen nun beide die oberste Karte unseres Stapels und legen sie offen auf den Tisch."* Das ist natürlich eine glatte Lüge, denn du nimmst ja gar nicht die oberste, sondern die unterste Karte.

Aber dadurch, dass die Zuschauer die Karten gar nicht richtig sehen können und du auch noch sagst, was du (angeblich) tust, wird niemand diesen Kunstgriff bemerken. Du musst die oben beschriebene Bewegung natürlich so ausführen, als wäre sie völlig nebensächlich. Schau dabei am besten auch nicht auf deine Hand, denn das Publikum schaut immer dorthin, wo auch der Zauberer hinschaut.

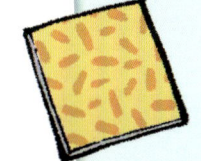

⑫

★ Liegt deine erste Karte erst einmal auf dem Tisch, ist für dich alles gelaufen. Der Zuschauer dreht seine Karte ebenfalls um und sieht, dass die beiden Karten übereinstimmen.

★ Du sagst: *„Das ist ja wirklich erstaunlich: Sie haben genau die Karte genommen, die zu der Karte passt, die ich vorher genommen hatte. Lassen Sie uns einmal nachsehen, wie es mit den nächsten Karten aussieht."* Wenn du dabei so tust, als ob du selbst darüber staunst, dass es geklappt hat, wirkt es auf die Zuschauer noch besser. Jetzt drehst du die nächste Karte um, also die, die nun oben auf deinem Stapel liegt, und der Zuschauer nimmt seine oberste Karte. Wieder stimmen beide Karten überein.

★ Liegen alle Karten offen auf dem Tisch, beglückwünschst du den Zuschauer: *„Sie können ja fast noch besser zaubern als ich: Alle Karten stimmen. Also das ist schon einen kräftigen Applaus unseres Publikums wert."*

Farben fühlen

Effekt und Geheimnis

Bei diesem Kunststück wirst du hinter deinem Rücken oder mit verbundenen Augen die Farben eines Bausteines „erfühlen". Der Trick dabei ist eine geheime Zaubertechnik:

Palmieren

Palmieren ist ein Wort, das nur Zauberer benutzen. Es bedeutet im Deutschen Handfläche. Palmieren heißt also, etwas in der Hand zu verbergen, was die Zuschauer nicht sehen dürfen. Sie dürfen noch nicht einmal ahnen, dass überhaupt etwas in der Hand versteckt ist.
Man kann eigentlich alles palmieren, was kleiner ist als die Hand selbst: Geldstücke, Bonbons,

Bausteine ... Erwachsene Zauberer, deren Hände ja größer sind als Kinderhände, können sogar eine oder mehrere Spielkarten palmieren. Aber wir fangen erst einmal mit einem Baustein an. Nimm ihn dazu in die Hand und lass die Hand locker am Körper herunterhängen (Bild 1). Bild 1 links zeigt die Hand von hinten. Die Hand wird nicht ganz geschlossen, denn die Zuschauer vermuten sonst sofort, dass etwas darin ist. Rechts im Bild 1 siehst du, wie die Hand mit dem Stein von vorne, also aus der Sicht der Zuschauer, aussieht. Man sieht ihr nicht an, dass sie etwas hält. Achte aber darauf, dass Zuschauer, die an den Seiten sitzen, nicht in die Hand hineinsehen können. Ganz wichtig ist auch, dass du nicht auf die Hand schaust, die den Baustein hält.

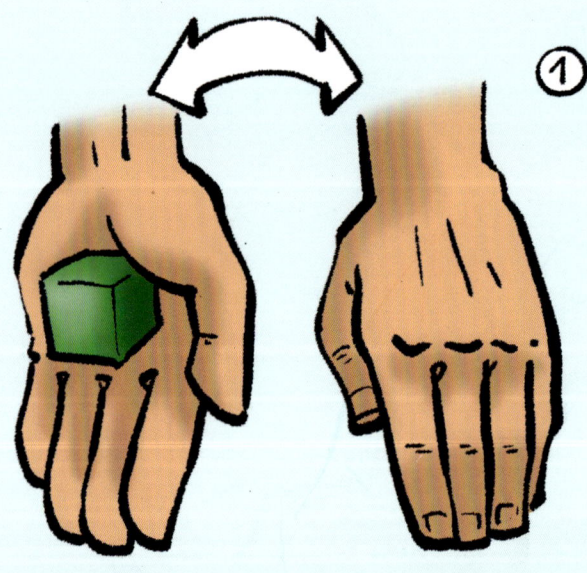

Du kannst ein Geldstück oder eben auch einen Baustein, den du heimlich palmiert hast, an jeder beliebigen Stelle erscheinen lassen. Wenn du den Baustein zum Beispiel an deinem Knie erscheinen lassen willst, gehst du mit der Hand, die ihn versteckt, so zu deinem Knie, dass noch niemand den Stein sehen kann. Erst in dem Moment, in dem die Hand das Knie berührt, schiebst du den Baustein mit dem Daumen aus der Hand heraus an deine Fingerspitzen, sodass er „erscheint" und für die Zuschauer sichtbar wird (Bild 2).

Du hast vielleicht auch schon mal davon gehört, dass ein Zauberer jemandem „Geld aus der Nase" gezaubert hat. Nun ahnst du sicher schon, wie das geht. Richtig: mit Palmieren. Genauso könnte ein Geldstück hinter dem Ohr oder in der Jackentasche eines Zuschauers erscheinen. Aber das Palmieren und Erscheinenlassen einer Münze oder eines Bausteins ist allein natürlich noch kein komplettes Zauberkunststück. Du erfährst nun, wie man das Palmieren auf spannende Weise benutzen kann.

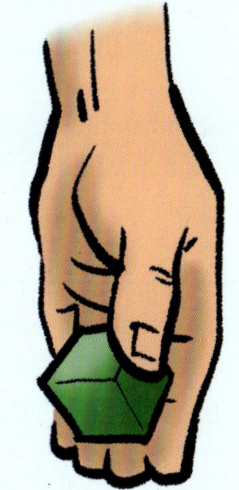

②

Material

★ ca. 30 bunte Bausteine

★ durchsichtiger Plastikbeutel

★ ein Tuch

Vorbereitung

★ Bitte nimm für diesen Trick nur rechteckige Steine, keine runden oder bogenförmigen, die man allein schon durch Befühlen erkennen kann. Sie sollten mindestens drei oder vier verschiedene Farben haben, sollten aus Holz oder Plastik und so klein sein, dass du einen von ihnen gut palmieren kannst.

★ In den durchsichtigen Plastikbeutel sollten alle Steine hineinpassen. Du kannst entweder einen Gefrierbeutel verwenden oder eine Prospekthülle (Bild 3). Mit dem Tuch kann dir ein Zuschauer die Augen verbinden. Es sollte ziemlich dicht sein, damit sie nicht vermuten, du hättest durch das Tuch hindurch etwas gesehen.

★ Such dir nun zwei verschiedenfarbige Steine aus dem Beutel aus und merk dir die Farben. Bevor du das Kunststück vorführst, musst du sie in deine Hosentasche stecken, und zwar so, dass die Zuschauer es nicht sehen. Einen der beiden steckst du tief in die Tasche und den anderen klemmst du ganz oben am Rand der Tasche fest. Wichtig ist, dass du weißt, welche Farbe der Stein am Rand der Tasche hat und welche der tief unten steckende (Bild 4).

Vorführung

★ Zeig den Zuschauern den mit Bausteinen gefüllten Beutel und sag: *„Ich habe so viel mit diesen Bausteinen gespielt, dass ich inzwischen jeden einzelnen Stein in- und auswendig kenne. Um Ihnen das zu beweisen, habe ich einige davon in diesen Beutel gefüllt."* Bei diesen Worten gehst du zu einem der Zuschauer und sagst: *„Würden Sie die Steine im Beutel bitte durcheinanderbringen?"*

③

④

★ Diesen Moment, in dem die Zuschauer auf das Mischen der Bausteine achten, nutzt du aus, um heimlich den oberen Baustein aus der Tasche zu nehmen und in deiner Hand zu palmieren. Dazu steckst du die Hand ganz beiläufig in die Tasche. Achte auch darauf, dass niemand den palmierten Stein sehen kann, wenn du mit der Hand aus der Tasche kommst.

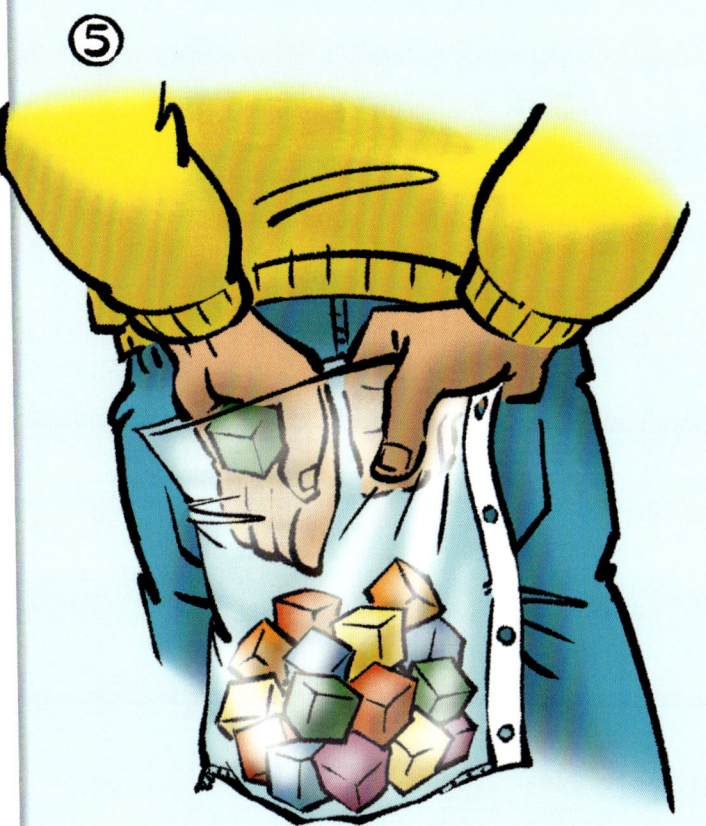

★ Lass dir nun den Beutel zurückgeben. Du ergreifst ihn mit der Hand, die den Baustein hält, und bringst ihn hinter deinen Rücken, wo du ihn auch mit der zweiten Hand ergreifst: Während du nun mit der Hand, die den Stein palmiert, in den Beutel gehst und etwas herumwühlst, um scheinbar wahllos einen Stein zu ergreifen, sagst du: *„Ich kann die Farbe dieser Bausteine fühlen. Dieser Stein ist zum Beispiel ..."* Dabei befühlst du den Stein, den du ja schon vorher in der Hand hattest, ganz genau und sagst erst nach kurzem Zögern *„rot"* (Bild 5).

★ Jetzt holst du beide Hände nach vorne. In einer hältst du den Beutel, in der anderen den roten Stein. Diesen Stein zeigst du allen Zuschauern deutlich, damit sie sehen können, dass du richtig „gefühlt" hast.

★ Da du ja noch einen weiteren Stein in der Tasche hast, kannst du das Kunststück wiederholen. Um es spannender zu machen, bittest du diesmal aber einen Zuschauer oder deinen Mitzauberer, dir mit dem Tuch die Augen zu verbinden. Dabei hast du genug Zeit, den zweiten Baustein unbemerkt aus der Tasche zu nehmen.

Der Domino-Trick

Effekt

Bei diesem Trick spielen zwar Dominosteine die Hauptrolle, aber er könnte auch „Gedankenlesen" heißen, denn das ist der Effekt. Du liest nämlich dabei die Gedanken eines Zuschauers. Dieser legt aus Dominosteinen eine Reihe und du kannst ohne hinzuschauen sagen, welche Abbildungen oder Zahlen an Anfang und Ende dieser Reihe liegen.

Geheimnis

Du benötigst zehn Dominosteine, die du entweder selbst gebastelt hast oder aus einem gekauften Spiel sorgfältig auswählst. Bei der Auswahl oder Herstellung der Steine musst du Folgendes beachten:

1. Jedes Bild oder jede Zahl muss zweimal vorkommen.
2. Es dürfen nie zwei gleiche Bilder oder Zahlen auf einem Stein sein.
3. Es dürfen nie zwei Steine die gleichen Bilder- oder Zahlenpaare zeigen.

Wenn du diese Regeln beachtet hast, können die Steine zu einem Kreis gelegt werden (siehe Bild S. 30). Man kann auch immer alle zehn Steine zu einer Reihe legen, egal mit welchem Stein man beginnt. Die Reihe endet dann mit dem gleichen Bild, mit dem sie auch beginnt (Bild 1). Um Komplikationen zu vermeiden, ist es sinnvoll, dass jedes Bild oder Zeichen wirklich nur zweimal vorkommt, also die Steine nur auf eine einzige Art zusammengelegt werden können. Wenn du nun dem Zuschauer die Dominosteine gibst, damit er daraus eine Reihe legt, behältst du heimlich einen Stein zurück, er bekommt also nur neun Steine. Weil alle Steine ja zusammen eine Kette bilden, fehlt dort nun dieser eine Stein und die Dominoreihe zeigt am Anfang und Ende die beiden Bilder, die auf deinem Stein zu sehen sind (Bild 2).

Probier es mit verschiedenen Steinen aus. Du wirst feststellen, dass es jedes Mal klappt.

Vorbereitung

Du kannst normale Dominosteine mit Punkten, Farbdomino- oder Bilderdominosteine benutzen. Falls du keine solchen Steine hast, kannst du dir einfach aus Pappe oder Papier selbst welche herstellen.

Material

★ 10 Dominosteine

★ undurchsichtiger Beutel

Bastelanleitung

★ Schneide aus der Pappe zehn Karten, die 5 cm breit und 10 cm lang sind. Genau in der Mitte der Karten machst du einen Strich, sodass du nun zwei gleich große Hälften von 5 x 5 cm erhältst (Bild 3).

★ Aus den Zeitschriften suchst du dir nun schöne Bilder aus, die ungefähr die Größe einer Kartenhälfte haben. Am besten ist es, wenn auf den Bildern jeweils ein Gegenstand abgebildet ist: zum Beispiel eine Blume oder eine Katze. Du brauchst zehn solcher Bilder und jedes der Bilder zweimal, deshalb brauchst du auch zwei gleiche Zeitschriften.

★ Schneide die Bilder aus. Damit sie alle gleich groß werden, machst du dir am besten eine Schablone aus Pappe, die 5 x 5 cm groß ist. Diese legst du dann auf die Bilder, umrandest sie mit Bleistift und schneidest die Bilder aus (Bild 4).

Material

★ Pappe oder Tonpapier, DIN A4

★ Bleistift

★ Buntstifte

★ Schere

★ zwei gleiche Zeitschriften, Comichefte, Kataloge oder Ähnliches

★ Klebstoff

③

④

★ Kleb die Bilder nun auf die Pappen, egal in welcher Reihenfolge und Richtung (Bild 5). Denk nur daran, dass du nie zwei gleiche Bilder auf eine Karte klebst und dass du nicht auf zwei Karten die gleichen Paare klebst. Wenn du also zum Beispiel eine Karte mit einem Mond und einem Stern hast, dann musst du die dazu passenden Bilder auf zwei anderen Karten mit anderen Bildern kombinieren. Du kannst die Dominokarten natürlich auch selbst bemalen. Für die Auswahl der Bilder gilt dabei das Gleiche.

★ In dem undurchsichtigen Beutel bewahrst du die Steine vor der Vorführung auf. Der Beutel ist gleichzeitig ein wichtiges Hilfsmittel, um die Wiederholung des Kunststücks vorzubereiten. Leg nun den Beutel mit den Steinen auf den Tisch. Zuvor hast du jedoch einen Stein herausgenommen und in deine Hosentasche gesteckt.

Vorführung

★ Du sagst: „*Nachdem ich Ihnen Einiges aus meiner Zauberkiste gezeigt habe, möchte ich nun einen Zuschauer bitten, etwas von seinen Fähigkeiten zu zeigen. Zuerst eine ganz einfache Aufgabe: Mit diesen Dominosteinen* ... (dabei schüttelst du die Steine aus dem Beutel) ... *soll eine Reihe gelegt werden – wenn es geht, sollte kein Stein mehr übrig bleiben. Bevor Sie jedoch anfangen, gehe ich zur Seite und schaue in eine andere Richtung, weil ich nicht sehen möchte, wie die von Ihnen gelegte Reihe aussieht.* (Du gehst in eine Ecke des Raumes und wendest dich ab.) *Bitte beginnen Sie jetzt ... Haben Sie alle Steine gebraucht? Sehr gut!*"

★ In der Zwischenzeit hast du in deiner Ecke heimlich den Stein aus deiner Tasche genommen und ihn dir noch einmal angeschaut.

★ Dann legst du ihn heimlich in den Beutel, den du immer noch in der Hand hast. „*So, nun kommt die zweite Aufgabe: Schauen Sie sich die beiden Zeichen* (Bilder, Zahlen) *an den beiden Enden Ihrer Reihe an, merken Sie sich diese und konzentrieren Sie sich voll und ganz darauf. Ich werde nun versuchen, von hier aus, ohne etwas sehen zu können, die beiden Zeichen zu erkennen. Ich sehe ... etwas Grünes, Eckiges ... ein grünes Quadrat und etwas Gelbes mit Zacken: einen Stern!"*

★ Geh wieder zu dem Zuschauer und lass dir von ihm bestätigen, dass alles stimmt. Dann beginnst du die Steine in den Beutel zu legen. Doch plötzlich, als sei dir etwas eingefallen, hörst du auf: *„Vielleicht glauben Sie ja, dass ich mit diesem Zuschauer unter einer Decke stecke ... Ein anderer Zuschauer soll dieses Experiment mit mir wiederholen!"*

★ Du holst die Steine wieder aus dem Beutel, lässt dabei aber heimlich einen darin zurück! Wichtig ist, dass dies nicht der gleiche ist wie beim ersten Mal. Am einfachsten geht das, indem du beim Hineinlegen der Steine in den Beutel alle Steine genau auf den schon darin liegenden legst. Nur einen schiebst du in die andere Ecke (Bild 6). Wenn du die Steine wieder herausholst, lässt du diesen Stein dort liegen. Noch besser sieht es aus, wenn du den Beutel an der Ecke anfasst, in den du den einzelnen Stein geschoben hast, dann diesen Stein durch den Beutel festhältst und die anderen Steine einfach herausschüttelst! (Bild 7).

★ Von da an machst du alles wie beim ersten Mal – das Verblüffende für die Zuschauer ist, dass diesmal ein anderes Ergebnis herauskommt!

⑥

⑦

⭐ Tipp

Dies ist schon das zweite Kunststück, das wiederholt wird, obwohl wir doch am Anfang sagten, dass man ein Kunststück nicht zweimal hintereinander vorführen soll. Für die meisten Tricks stimmt das auch. Aber wenn der Zuschauer vermuten könnte, es komme bei dem Trick immer dasselbe Ergebnis heraus, ist eine zweite Vorführung mit einem anderen Ergebnis für das Publikum absolut verwirrend. Dies trifft sowohl für das „Farbenfühlen" als auch für den „Domino-Trick" zu.

TRICKS MIT SEILEN

In diesem Kapitel beschreiben wir vier Kunststücke mit Seilen. Nur – welches Seil nimmst du dafür? Die Seile, Schnüre und Bindfäden, die du zu Hause findest, sind wahrscheinlich ungeeignet: Sie sind entweder zu leicht, zu steif oder verheddern sich. Zauberkünstler kaufen sich meist ein speziell angefertigtes Baumwollseil.

So ein Seil ist aber nicht überall zu bekommen. Damit du trotzdem diese Kunststücke einüben kannst und gleichzeitig günstig zu einem Zauberseil kommst, findest du hier eine Anleitung, wie man aus Wollresten eine Zauberkordel drehen kann, die sich für unsere Kunststücke gut eignet.

Bastelanleitung Zauberseil

★ Die Zauberkordel lässt sich am einfachsten zu
zweit herstellen. Die Wolle dafür sollte eine
möglichst helle oder leuchtende Farbe haben,
damit die Zuschauer bei der Vorführung das Seil
immer gut sehen können.
Die Länge sollte ca. 1,20 Meter betragen. Dafür
benötigst du einen Wollfaden, der ungefähr acht-
mal so lang ist, also ungefähr 10 Meter. Dieses
10-Meter-Stück legt ihr nun genau in der Mitte
zusammen (Bild 1). Dazu hält einer die beiden
Enden fest, und der andere zieht die Mitte, so
weit es geht.

Material

★ kleines Wollknäuel

①

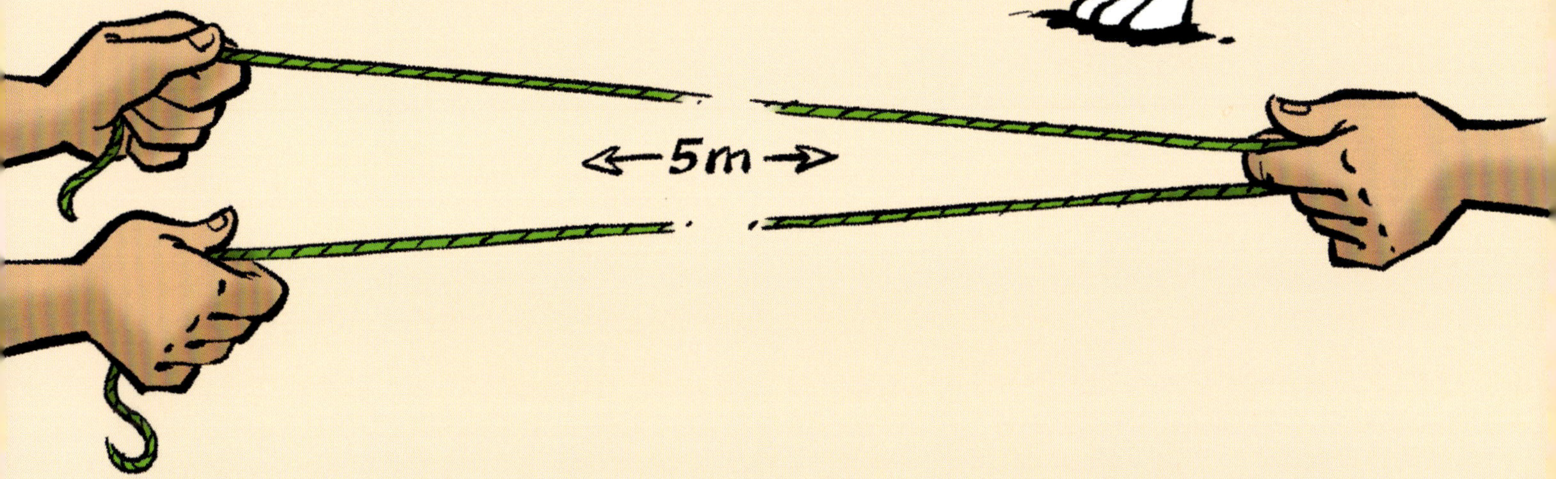

← 5m →

★ Nun hält einer von euch die beiden Enden und die Mitte, während der andere wiederum die Mitte dieser Doppelschnur so weit wie möglich zieht, diesmal 2,50 Meter (Bild 2).

★ Haltet die Schnur zwischen euch (Bild 3) und verdreht sie beide an den Enden in entgegengesetzte Richtungen. Achtet dabei darauf, die Wolle immer stramm gespannt zu halten.

★ Ihr dreht so lange, bis es nicht mehr geht, ohne dass alles durcheinanderzwirbelt (je länger ihr dreht, umso dichter wird später das Seil!). Dann gibt einer von euch dem anderen sein Ende, sodass dieser nun beide Enden hat. Dabei verdreht sich das Seil, aber das ist nicht schlimm, denn wie schon am Anfang zieht der andere die Mitte dieses doppelt verdrehten Schnurstranges so lange, bis die beiden Schnurpakete glatt nebeneinanderliegen (Bild 4).

② ←2,5m→

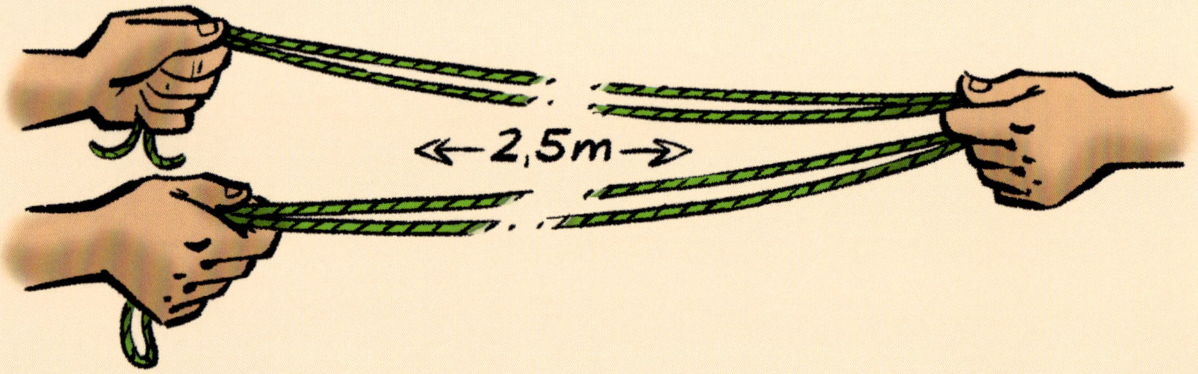

③ ←2,5m→

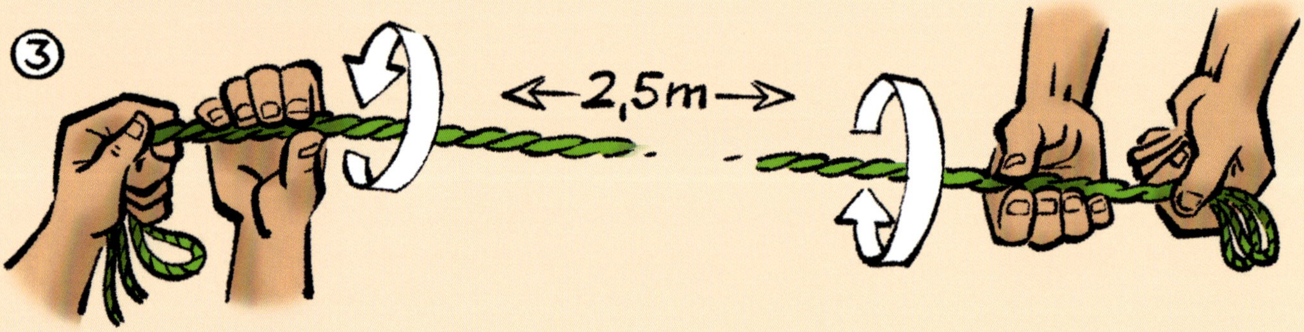

④

⑤

⑥

★ Derjenige, der die Mitte festhält, lässt nun
einfach los. Die Schnüre verdrehen sich
gegeneinander und bilden eine gleichmäßige
Kordel. Wenn du noch ein- oder zweimal
mit der Hand von oben nach unten über
das so entstandene Seil fährst, wird es noch
gleichmäßiger (Bild 5).

★ Damit sich das Zauberseil nicht sofort
wieder auflöst, macht ihr an der
„Doppelendenseite" einen Knoten
und schneidet dann die Enden kurz
ab (Bild 6). Fertig!

Der Einhandknoten

Effekt

Bei diesem Kunststück geht es darum, einen Knoten in das Seil zu schlagen und dabei nur eine Hand zu benutzen.

Dieses erste Kunststück mit dem gerade fertiggestellten Seil unterscheidet sich stark von den bisher in diesem Buch beschriebenen Tricks. Du präsentierst nämlich kein Wunder, sondern Fingerfertigkeit. Deshalb gibt es bei diesem und den anderen Seiltricks auch kein Geheimnis.

Ein Geheimnis ist für eine wirkungsvolle Aufführung auch nicht unbedingt nötig. Wenn ein Zauberkünstler ein Kunststück zeigt, gibt es meistens drei Gründe, warum die Zuschauer staunen, sich wundern und schließlich applaudieren:

★ Der Zauberer weiß etwas, was die Zuschauer nicht wissen: Er kennt das Geheimnis eines Kunststücks, die Zuschauer aber nicht.

★ Der Zauberer besitzt ein Requisit, das die Zuschauer nicht kennen. Er hat zum Beispiel eine Kiste, aus der er Dinge hervorzaubert, oder einen Joghurtbecher, der zusammenklappen kann.

★ Der Zauberer kann etwas, was die Zuschauer nicht können und wovon sie sich auch nicht vorstellen können, es zu lernen: zum Beispiel Karten aus der Luft fangen oder mit einer Hand einen Knoten in ein Seil schlagen.

Um nun das Kunststück „Einhandknoten" überzeugend als Zaubertrick vorzuführen, musst du schon etwas üben. Wahrscheinlich beherrschst du den Trick mit der Hand am besten, mit der du auch schreibst. Du kannst ihn aber auch mit beiden Händen einüben.

Tipp

Damit der Knoten fest wird und gleichzeitig deine Bewegungen nicht so genau verfolgt werden können, kannst du das Knotenschlagen von einer Handbewegung begleiten, als wenn du das Seil einmal ausschlägst. Dazu gehst du am Anfang, wenn du die Hand drehst, etwas nach unten, dann ruckartig nach oben und wieder nach unten. Es scheint so, als ob du das Seil wie eine Peitsche schlägst und sich dabei ein Knoten bildet.

Material

★ 1 Seil

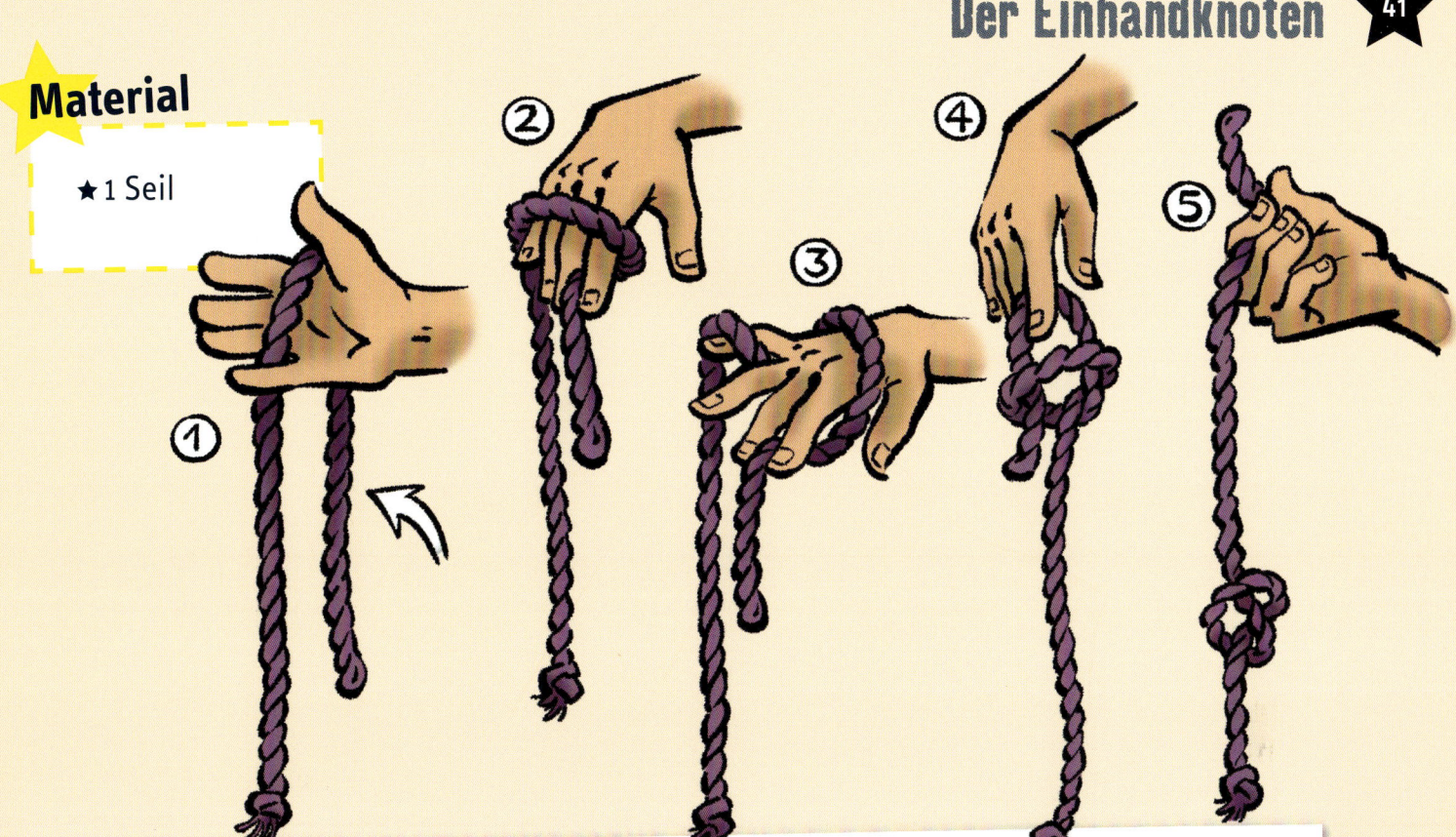

Vorführung

Du sagst: „*Einen Knoten mit zwei Händen in das Seil machen, das kann jeder. Aber was tun, wenn man nur eine Hand frei hat? In einer Zaubervorstellung ist alles möglich. Ein Knoten mit einer Hand? Bitte schön!*" Während dieser Worte hast du das Seil für den Einhandknoten über deine Hand gelegt und beim letzten Wort den Knoten in das Seil geschlagen. Und das geht so:

★ Leg das Seil über die Hand. Diese hältst du so, als ob du jemandem die Hand geben willst. Damit die beiden Seilenden nicht direkt nebeneinanderhängen, klemmst du das im Handinneren hängende Seilstück zwischen dem kleinen und dem Ringfinger fest (Bild 1).

★ Um den Knoten zu machen, musst du nun mit den Fingerspitzen von Zeige- und Mittelfinger das nicht eingeklemmte, auf dem Handrücken

herunterhängende Seilstück ergreifen (in Bild 1 mit einem Pfeil markiert). Dazu drehst du die Hand mit der Handfläche nach unten (Bild 2).

★ Sobald du das Seilstück festgeklemmt hast, lässt du das Stück zwischen kleinem und Ringfinger los und gleichzeitig die Schlinge um deine Hand über die Finger mit dem festgeklemmten Seil nach unten rutschen (Bilder 3 und 4).
Es wird ein Knoten im Seil sein! Oder etwa nicht? Das ist auch nicht schlimm, denn wenn es so einfach wäre, könnte es ja jeder! Beachte auch Folgendes: Die Länge des hinteren Seilendes sollte so sein, dass du es gerade mit den Fingern erreichen kannst. Wenn es zu kurz ist, erwischst du es nicht. Ist es zu lang, entsteht statt eines Knotens eine Schleife. Damit das Seil nicht zu früh herabrutscht, musst du alle Bewegungen relativ schnell in einem zügigen Ablauf machen.

①

Der beidhändige Knoten

Effekt

Du zeigst deinem Publikum, dass es unmöglich ist, einen Knoten zu schlagen, wenn man die beiden Seilenden eines Seils jeweils in einer Hand festhält und auch nicht loslassen darf. Dann erklärst du, dass Zauberer aber so tun können, als ob sie es trotzdem könnten, ohne die Seilenden loszulassen. Doch der Knoten, der so entsteht, verschwindet wieder, wenn du darauf pustest. Dann jedoch sagst du einen Zauberspruch und ein echter Knoten erscheint mitten auf dem Seil. Zum Schluss übergibst du das noch unverknotete Seil einem Zuschauer und bei ihm erscheint dann ebenfalls ein Knoten.

Vorbereitung (Grund-Seiltrick)

Wieder ist es etwas Fingerfertigkeit, die dieses Kunststück ermöglicht, und deshalb musst du auch wieder etwas üben. In allen vier Teilen dieses Kunststücks schlingst du das Seil immer auf die gleiche Art und Weise um deine Hände.

★ In der Ausgangsposition hältst du in jeder Hand ein Seilende zwischen Daumen und Zeigefinger, die Hände wie in Bild 1 halbhoch vor dir.

★ Jetzt legst du, ohne die Seilenden loszulassen, das Seil mit der rechten Hand von vorne über das linke Handgelenk (Bild 2).

Material

★ 1 Seil

②

★ Wenn du das rechte Ende jetzt langsam nach rechts unten ziehst, entstehen unterhalb des linken Unterarms zwei Öffnungen in der Seilschlaufe.

★ Mit der rechten Hand fädelst du nun das festgehaltene Seilende durch die beiden Öffnungen hindurch (siehe Pfeil in Bild 3).

★ Wenn du nun die rechte und die linke Hand nebeneinanderhältst und so weit auseinanderziehst, wie es geht, entsteht ein Seilgebilde, wie du es auf Bild 4 siehst. Die Seilenden hältst du dabei immer noch, wie in der Ausgangsposition, zwischen deinen Fingern fest. Kompliziert? Versuch es noch einmal Schritt für Schritt und schau dir dabei die Bilder genau an. Auch hier gilt: Je schneller und flüssiger die Bewegungen ablaufen, umso beeindruckter ist das Publikum.

★ Um die Figur wieder aufzulösen, lässt du das Seil etwas locker, indem du die Hände etwas näher zusammenbringst. Wenn du sie dann nach vorne senkst, rutscht das Seil über die Handgelenke nach unten und du hast wieder ein (unverknotetes) Seil, das du links und rechts festhältst. Diese Figur musst du erst einmal gut beherrschen. Dann kannst du den weiteren Trickablauf einstudieren.

③

④

① ②

Vorführung

★ Du hältst das Seil in der Ausgangsposition zwischen den Fingerspitzen und erklärst dem Publikum: *„Es ist leider unmöglich, einen Knoten in das Seil zu bekommen, wenn man die Seilenden nicht loslässt. Möchte das vielleicht jemand überprüfen?"* Du lässt es einen Zuschauer mit dem Seil probieren: Es geht wirklich nicht!

★ Du machst die oben beschriebene Figur des Grund-Seiltricks in das Seil (Bild 4 auf Seite 43) und sagst: *„Das sieht zwar schon sehr verknotet aus, aber* (und dabei lässt du das Seil nach unten rutschen und zeigst es knotenfrei vor) *natürlich ist es kein echter Knoten."*

★ Du erzählst nun, dass Zauberer aber so tun könnten, als ginge es doch. Dazu bildest du wieder die Figur, nur diesmal lässt du das Seil nicht nach unten rutschen.

★ Du hältst das Seil stramm gespannt und ziehst nun zuerst die linke Hand aus der Schlaufe. Du ziehst so lange, bis das Seil wieder gespannt ist. Es entsteht dabei ein leichtes Kuddelmuddel in der Nähe der rechten Hand, aber keine Sorge, das muss so sein (Bild 1).

★ Nun ziehst du nämlich auch die rechte Hand aus der Schlaufe und ziehst sie langsam nach rechts. Dabei entsteht in der Mitte des Seils ein knotenähnliches Gebilde. Du darfst nicht zu stramm ziehen, sonst löst es sich sofort wieder auf. Hör auf weiterzuziehen, sobald das Seil so aussieht, als sei ein Knoten in der Mitte (Bild 2). Dann sagst du: *„Das ist aber leider nur eine optische Täuschung!"*, pustest einmal auf den „Knoten" und ziehst das Seil ganz stramm: Der Knoten verschwindet.

★ *„Einmal möchte ich es noch versuchen, dies-mal mit einem Zauberspruch!"* Jetzt kommt der Trick: Scheinbar machst du alles wie zuvor, aber diesmal entsteht ein echter Knoten. Dazu musst du zu der Grundfigur noch einen kleinen heimlichen Griff lernen. Du machst also wieder die erste Seilfigur (nicht das knotenähnliche Gebilde) und ziehst sie gut stramm. Du musst nun mit den Fingern der rechten Hand das Seilstück, das an der Innenfläche der rechten Hand entlangläuft, festklemmen. Gleichzeitig lässt du das Ende, das du mit rechtem Daumen und Zeigefinger festhältst, los. In Bild 3 sind die beiden Stellen gezeigt, diesmal aus der Sicht deiner Zuschauer, damit du sie besser erkennst.

★ Dann lässt du das Seil wieder, wie bei der Auflösung des Grundtricks, nach vorne über beide Handgelenke abrutschen (Bild 4). Damit die Zuschauer nicht merken, dass du ein Seil-ende loslässt, machst du es möglichst in der Bewegung, in der du die Hände nach vorne senkst, um das Seil herabrutschen zu lassen.

Also: Hände hoch, dann nach vorne senken, dabei mit der rechten Hand umgreifen, Seil abrutschen lassen, die Hände auseinander-ziehen – und schon hast du einen Knoten im Seil! Dabei hast du einen Zauberspruch ge-murmelt, und sagst dann: *„Na also, mit dem Zauberspruch klappt es sofort! Vielleicht möchte es jemand von Ihnen damit probieren?"*

★ Nun gehst du zu einem Zuschauer und gibst ihm, nachdem du wieder die Grundfigur gemacht hast, die beiden Seilenden in die Hände: *„Diese Zauberknotengriffe sind sehr schwer, deshalb helfe ich Ihnen. Sie nehmen nun bitte die Seilenden, nicht loslassen, und sagen einen Zauberspruch!"* Wenn der Zu-schauer jetzt das Seil von deinen Händen abzieht, entsteht von ganz allein der Knoten im Seil und der Zuschauer steht mit dem ver-knoteten Seil da. Dafür musst du keinen neuen Griff lernen, es passiert ganz von selbst. Das Geheimnis ist einfach, dass der Knoten im Seil entsteht, wenn jemand anders das Seil von dir übernimmt.

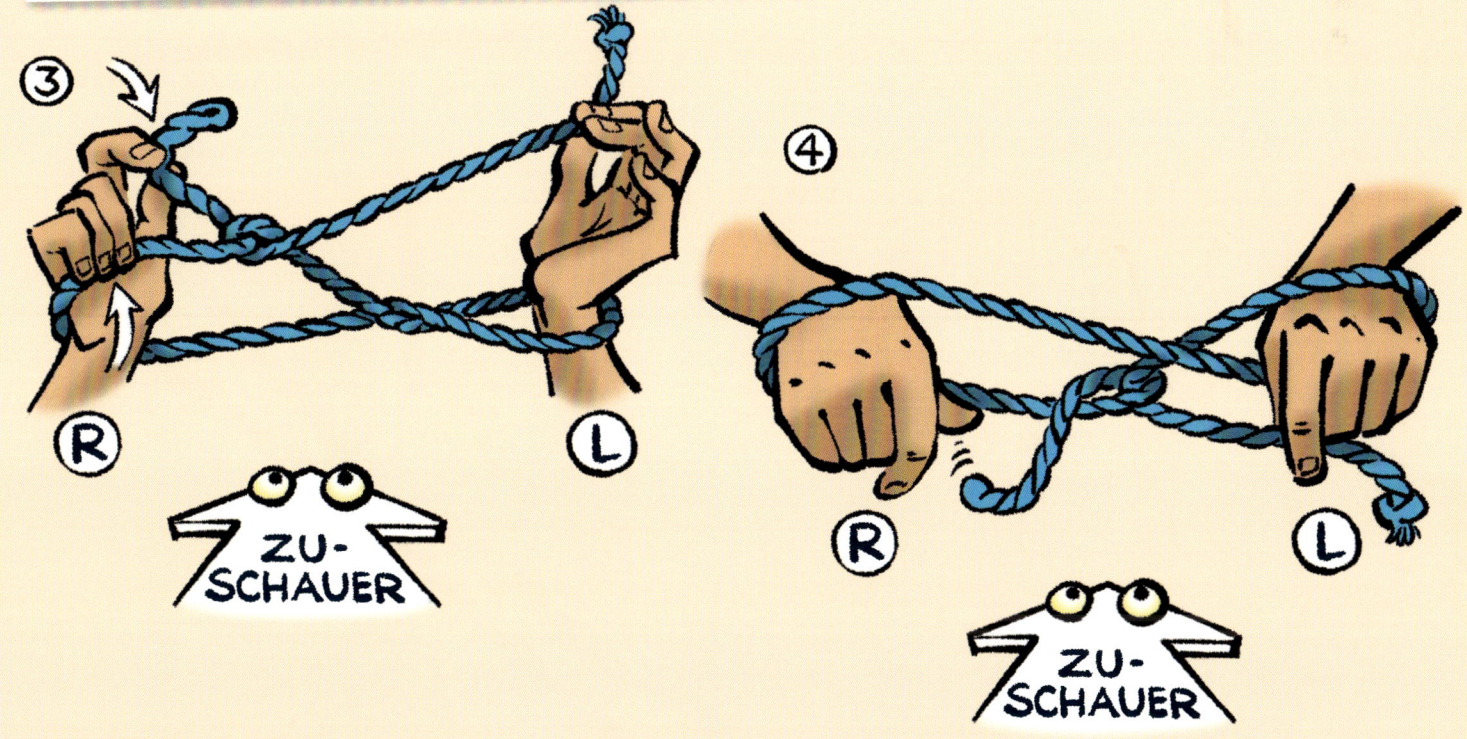

Aus zwei mach eins!

Effekt und Geheimnis

Bei diesem Seilkunststück bedienen wir uns einer Eigenschaft unseres selbst gefertigten Seils, nämlich, dass es aus zwei zusammengedrehten Schnursträngen besteht. Der Effekt ist zwar nicht das berühmte Zerschneiden und Wiederherstellen eines Seils, aber schon so ähnlich. Für die Zuschauer sieht es nämlich so aus, als ob du aus zwei kurzen Seilen ein langes machen kannst. Dabei hast du dein Seil nur so geschickt auseinandergezupft, dass es wie zwei Seile aussieht.

Vorbereitung

★ Du legst dein Zauberseil senkrecht vor dir auf den Tisch und nimmst dann ungefähr in der Mitte des Seils mit jeder Hand einen der beiden nebeneinanderliegenden Seilstränge zwischen die Finger. Dann ziehst du daran ca. 20 cm mit beiden Händen in entgegengesetzter Richtung, sodass ein Kreuz von Seilsträngen entsteht (Bild 1).

★ Diese Seilenden verdrehen sich wieder miteinander. Du hilfst etwas nach, indem du ein paar Mal darüberstreichst, damit sie gleichmäßig aussehen (Bild 2).

★ Wenn du nun die beiden langen und kurzen Enden jeweils übereinanderlegst, sieht es so aus, als lägen zwei Seile nebeneinander auf dem Tisch – allerdings mit einer Verbindung an einer Stelle (Bild 3).

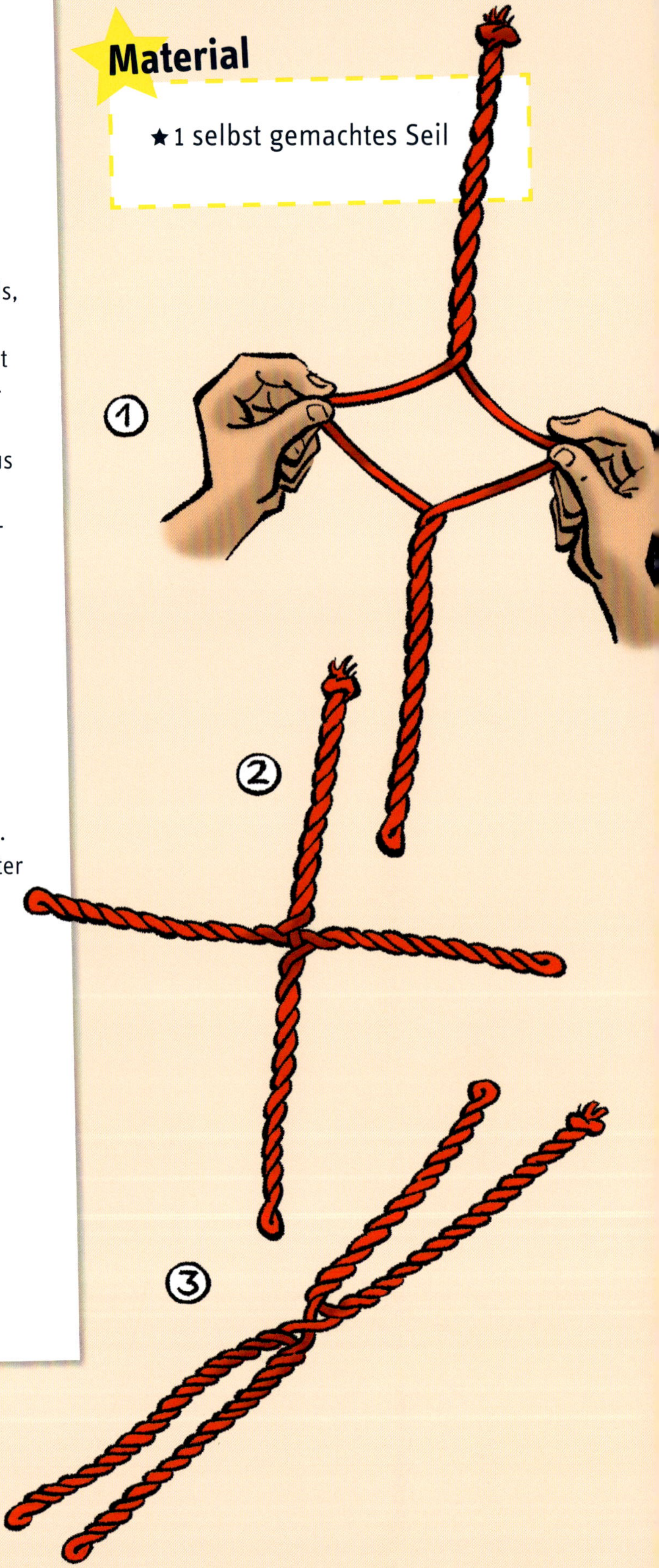

Material

★ 1 selbst gemachtes Seil

① ② ③

★ Wenn die Zuschauer glauben sollen, dass es sich um zwei Seile handelt, dürfen sie diese Verbindungsstelle natürlich nicht sehen. Entweder liegt das Seil also zu Beginn außerhalb der Sicht der Zuschauer oder aber du hast es von Anfang an in der Hand. Deine Hand ist dann genau dort, wo die Verbindung ist, und verdeckst sie (Bild 4). Eine dritte Möglichkeit ist, dass die Zuschauer das Seil zwar immer sehen können, aber eben nicht ganz: Du legst das Seil zum Beispiel über den Zylinderrand, und zwar so, dass die beiden langen Enden für die Zuschauer sichtbar nebeneinanderhängen (Bild 5). Wenn du das Kunststück vorführen willst, ergreifst du das Seil hinter der Abdeckung an der Verbindungsstelle und verbirgst diese in deiner Hand.

Vorführung

★ Du hältst das Seil wie beschrieben in der Hand und erklärst den Zuschauern: *„Ich werde nun ein Kunststück mit einem Seil machen …"* Scheinbar bemerkst du erst jetzt, dass es zwei Seile sind. Du guckst ganz erstaunt, doch dann pustest du einmal auf „die Seile" und sagst: *„Ich habe hier zwar zwei Seile … aber einmal pusten und … schon ist es ein einziges!"*

★ Damit aus den beiden Seilen eins wird, musst du nur kräftig an den beiden langen Enden ziehen. Dann verschwinden die beiden kurzen Enden wieder und du hast ein langes Seil wie zu Beginn. Das muss natürlich schnell gehen, damit die Zuschauer die Verbindungsstelle nicht sehen.

Tipp

Ein solcher Blitzeffekt eignet sich kaum als einzelner Programmpunkt für eine Zaubershow, aber er ist sehr gut als Einleitung zu einem anderen längeren Kunststück geeignet. Wir empfehlen dir auch wegen der unterschiedlichen Trickeffekte eine Kombination mit dem nächsten Kunststück. Also, dem Publikum zwei Seile zeigen, diese zusammenzaubern und dann …

Die Ringbefreiung

Effekt

Ein Pappring wird auf ein Seil gefädelt. Dem Zauberer gelingt es, den Ring wieder vom Seil zu „befreien", obwohl die Zuschauer die ganze Zeit beide Seilenden sehen können. Der Ring kann also nicht einfach wieder vom Seil abgezogen worden sein, und die Verblüffung des Publikums ist groß!

Geheimnis

Es ist wieder eine kleine Bastelei nötig, aber das Trickgeheimnis ist diesmal wirklich einfach! Du benutzt zwei Pappringe, die Zuschauer sehen jedoch immer nur einen. Am Anfang wird einer auf das Seil gefädelt, unter Deckung eines Sichtschutzes reißt du ihn einfach ab und zeigst den Zuschauern den zweiten Ring als den befreiten vor. Du glaubst, das wäre zu dumm? Nun, etwas musst du schon noch tun, damit die Zuschauer an Zauberei glauben: Damit sie denken, dass nur ein Ring im Spiel sei, muss der zweite stets gut versteckt sein. Und wie immer versuchen wir das Versteck so zu gestalten, dass die Zuschauer es die ganze Zeit vor Augen haben und trotzdem nicht sehen: Es ist in diesem Fall der Sichtschutz, hinter dem die Befreiung stattfindet.

Tipp

Die Technik dieses Kunststücks ist sehr einfach, aber zusätzlich zum Versteck des Ringes kommt noch eine Kleinigkeit hinzu, die die Zuschauer von der Lösung ablenkt: Du zeigst vorher ja einen anderen Seiltrick, bei dem du scheinbar aus zwei Seilen eins machst. Dieser Effekt führt die Zuschauer auf die falsche Fährte. Anstatt sich über den Ring Gedanken zu machen, denken sie nun nämlich über das Seil nach.

Material

Ringe

- ★ leicht zerreißbare Pappe
  (z. B. 2 Bierdeckel)

- ★ Schere

- ★ Klebstoff

- ★ buntes Papier

Paravent

- ★ altes Spielbrett oder 2 feste Pappstücke, je ca. 15 x 13 cm

- ★ Klebeband (am besten aus Textil)

- ★ klein gemustertes Geschenkpapier

- ★ etwas Tonpapier

Bastelanleitung

Ringe

Schneide zwei gleich große Ringe aus nicht zu dünner Pappe aus. Da die Ringe leicht durchreißbar sein müssen, solltest du einige Versuche machen, um herauszufinden, welche Pappe geeignet ist. Wir haben gute Erfahrungen mit Bierdeckeln gemacht, die wir mit buntem Papier beklebt haben. Beim Bekleben solltest du darauf achten, dass du zwei genau gleich aussehende Ringe herstellst. Übrigens: Du musst natürlich jedes Mal, wenn du diesen Trick aufführst, einen der Pappringe neu basteln, denn einer wird ja zerrissen.

Paravent

Der Sichtschutz besteht aus zwei Pappdeckeln, die beweglich so zusammengeklebt sind, dass man sie aufstellen kann. Zauberer bezeichnen eine solche Abdeckung als *Paravent,* ein Begriff, der aus Frankreich stammt. Als Paravent eignet sich zum Beispiel das Spielbrett eines alten nicht mehr benutzten Spiels. Diese Spielbretter sind aus starker Pappe, in der Regel in der Mitte zusammenklappbar und haben ein sehr stabiles Textilband als Scharnier. Da wir den Paravent ohnehin verzieren, macht es auch nichts, dass der Spielplan aufgedruckt ist. Du kannst das Spiel allerdings danach nicht mehr benutzen. Du kannst den Paravent aber auch aus zwei Pappdeckeln selbst basteln:

★ Kleb zwei gleich große feste Pappen, etwa 15 x 30 cm an einer Längsseite mit Klebeband zusammen, sodass man sie an dieser Stelle zusammenklappen kann.

★ An der rechten und linken äußeren oberen Ecke schneidest du einen 2 cm tiefen und 5 mm breiten Schlitz in die Abdeckung. In diese Schlitze klemmst du bei der Vorführung das Seil ein (Bild 1).

★ Die Außenseiten des Paravents kannst du nach deinem Geschmack verzieren. Die Innenseiten beklebst du mit einem kleinen und unregelmäßig gemusterten Papier, das hilft die Präparation zu verbergen. Damit dir dieser Paravent nicht nur als Sichtschutz, sondern auch als Versteck dienen kann, wird er nun noch präpariert.

★ Schneide dafür ein Pappviereck aus, das etwas größer ist als der Pappring, und bekleb eine Seite dieses Vierecks mit dem gleichen Papier wie den Rest der Paravent-Innenfläche. Kleb nun das Pappstück mit dem unteren Rand auf die rechte Innenseite des Paravents. Den oberen Teil biegst du etwas nach hinten und erhältst so eine Ablage (Bild 2).

★ Damit diese Ablage etwas stabiler und an den Seiten geschlossen wird, klebst du rechts und links an die Kante jeweils einen Tonpapierstreifen von ca. 4 cm Länge, den du zuvor zickzackartig faltest (Bild 3).

★ Wenn du nun einen Ring in die Ablage legst und den Paravent so hältst, dass deine Hand die Ablage flach zudrückt, kannst du ihn deinen Zuschauern kurz zeigen, ohne dass die Präparation auffällt (Bild 4).

Vorbereitung

Bevor du das Kunststück vorführst, steckst du einen der beiden Ringe in die geheime Ablage. Den Paravent und den zweiten Ring legst du griffbereit auf den Tisch. Das Seil hast du ja noch vom ersten Kunststück in der Hand.

③

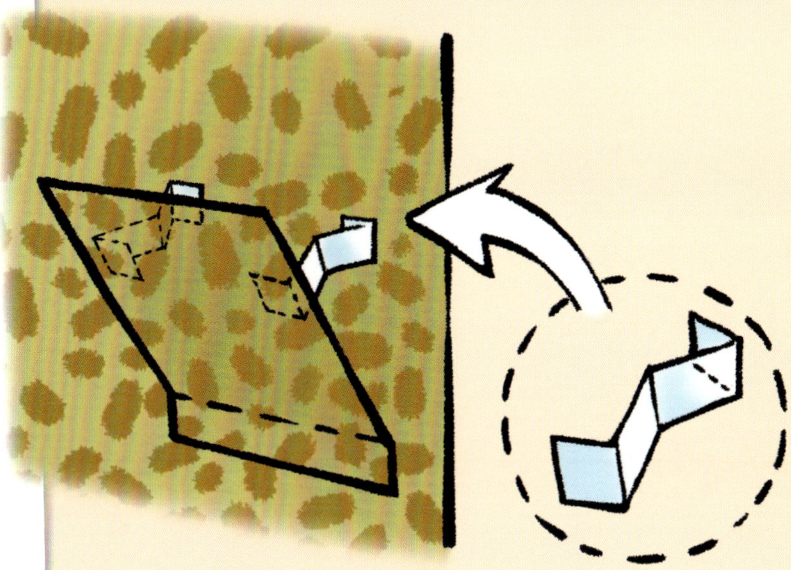

④

⑤

Vorführung

★ Nachdem du aus zwei Seilen eins gemacht hast, gibst du jetzt das Seil und den Ring zwei Zuschauern, die beides kurz untersuchen sollen, und erklärst dabei: *„Manchmal wäre es schon hilfreich, wenn man das Seil auch wieder teilen könnte. Zum Beispiel, wenn man einen Gegenstand vom Seil befreien möchte."*

★ Während dieser Worte hast du den Paravent ergriffen – Hand auf der Ablage! – ihn kurz umgedreht, um zu zeigen, dass nichts dahinter verborgen ist, und dann auf den leeren Tisch gestellt. Mache aus dem Vorzeigen auf keinen Fall etwas Besonderes, denn in den Augen der Zuschauer hat der Paravent keine Bedeutung und das soll auch so bleiben.

★ Lass dir das Seil und den Ring zurückgeben und fädel den Ring auf das Seil. Dann hältst du das Seil an beiden Enden hoch und bittest nochmals einen Zuschauer zu überprüfen, dass es keine „Schwachstelle" im Seil gibt. Natürlich wird er feststellen, dass das Seil völlig in Ordnung ist.

★ Jetzt stellst du dich hinter den Tisch, hinter den Paravent und hältst mit ausgebreiteten Armen das Seil mit dem Ring darüber. Dann senkst du die Arme langsam, sodass der Ring hinter dem Paravent verschwindet, und klemmst die beiden Seilenden in die Schlitze des Paravents. Dazu erklärst du: *„Bei diesem Kunststück kommen Griffe und Geheimnisse zur Anwendung, die ich Ihnen leider nicht offen zeigen darf. Aber Sie passen bitte auf, dass alles mit rechten Dingen zugeht, und das Ergebnis werden Sie auch begutachten dürfen. Ich benötige keinen Zauberstab und kein Zaubersalz, nur meine leeren Hände. Auch im Ärmel ist nichts verborgen."* (Bild 5)

★ Du zeigst noch einmal deine leeren Hände vor, krempelst sogar die Ärmel etwas hoch, damit jeder sieht, dass dort nichts verborgen ist, und gehst dann langsam mit beiden Händen hinter den Paravent. Dort geschieht jetzt all das, was die Zuschauer nicht bemerken dürfen: Zuerst nimmst du den Ring aus der Ablage und legst ihn auf den Tisch, dann zerreißt du den aufgefädelten Ring an einer Stelle und steckst ihn in die Ablage. Achte dabei darauf, dass sich deine Arme nicht zu sehr hin und her bewegen. Die Bewegungen sollten mehr aus dem Handgelenk erfolgen. Schau immer auf die Mitte des Seiles, damit die Zuschauer nicht von deinen Augenbewegungen auf etwas Ungewöhnliches hinter der Abdeckung schließen können (Bild 6).

★ Zuletzt ergreifst du den ganzen Ring und nimmst die Hände ganz langsam wieder nach oben, sodass die Zuschauer den Ring sehen können.

★ Es ist immer schwierig, sich gleichzeitig auf zwei Dinge zu konzentrieren. Deshalb redest du während dieser Handlungen nicht mit den Zuschauern, sondern murmelst nur halblaut einige unverständliche Zaubersprüche vor dich hin. Wenn du den Ring hochhältst, sagst du: *„Es hat geklappt – der Ring ist frei!"*

★ Nachdem du den Ring vorgezeigt hast, wirfst du ihn einem Zuschauer zu. Dann ergreifst du mit der rechten Hand den Paravent und schließt dabei die geheime Ablage. Du hebst den Paravent hoch und ziehst mit der linken Hand das Seil aus den Schlitzen, das du einem zweiten Zuschauer zuwirfst. *„Das Seil ist auch noch ganz, also hat das Kunststück tatsächlich geklappt! Danke schön!"* Den Paravent hast du bei diesen Worten zur Seite gelegt und gehst dann zu den Zuschauern, um das Seil und den Ring wieder einzusammeln.

⑥

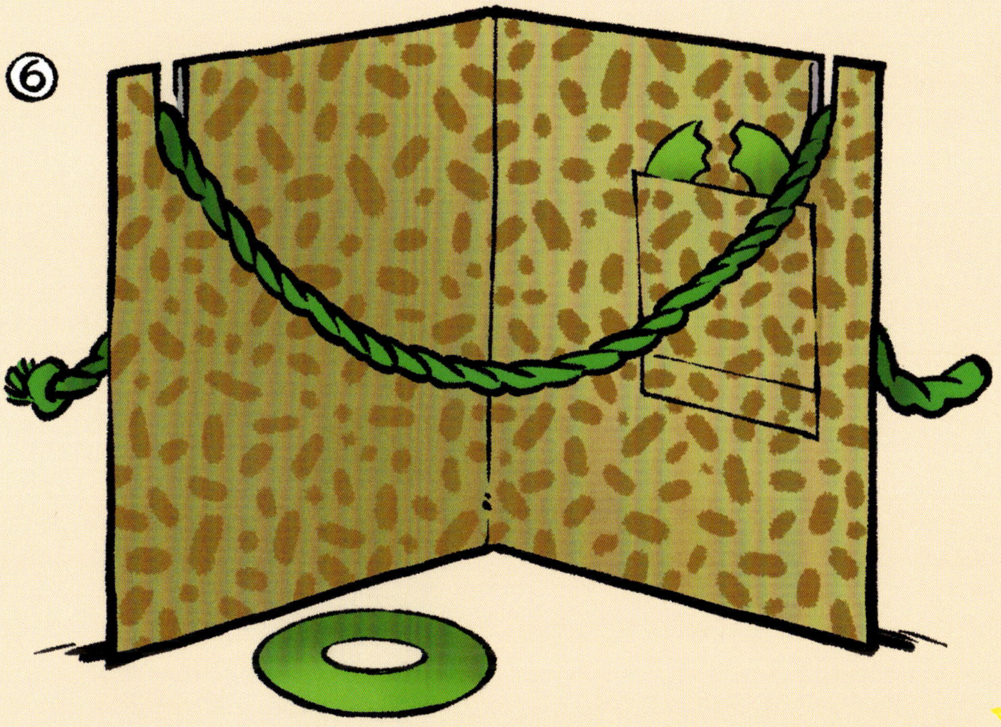

TRICKS MIT DER ZAUBERMAPPE

In diesem Kapitel lernst du ein „Gerät" kennen, das fast von allein zaubern kann: eine flache Mappe aus Pappe oder Tonkarton. Wenn man sie öffnet, sieht man einen Umschlag und darin erscheinen oder verschwinden Gegenstände oder sie verändern sich: Eine Karte ändert zum Beispiel die Farbe oder ein zerrissenes Foto wird wieder ganz.

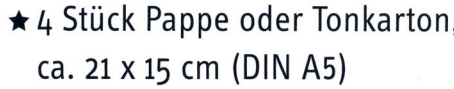

Material

- ★ 4 Stück Pappe oder Tonkarton, ca. 21 x 15 cm (DIN A5)
- ★ Tonpapier
- ★ 2 DIN-A6-Briefumschläge, gefüttert oder farbig
- ★ Klebstoff
- ★ Schere

Bastelanleitung Zaubermappe

★ Schneide aus dem Tonpapier drei Streifen in einer Größe von 18 x 2 cm. Leg eines der Pappstücke vor dich hin und kleb an der rechten Längsseite zwei der Tonpapierstreifen am oberen und unteren Rand fest (Bild 1).

★ Den dritten Streifen klebst du an der linken Seite genau in der Mitte an. Nachdem die Klebestellen gut getrocknet sind, drehst du alles mit der Rückseite nach oben und faltest den zuletzt angeklebten mittleren Streifen nach rechts über das Pappstück (Bild 2).

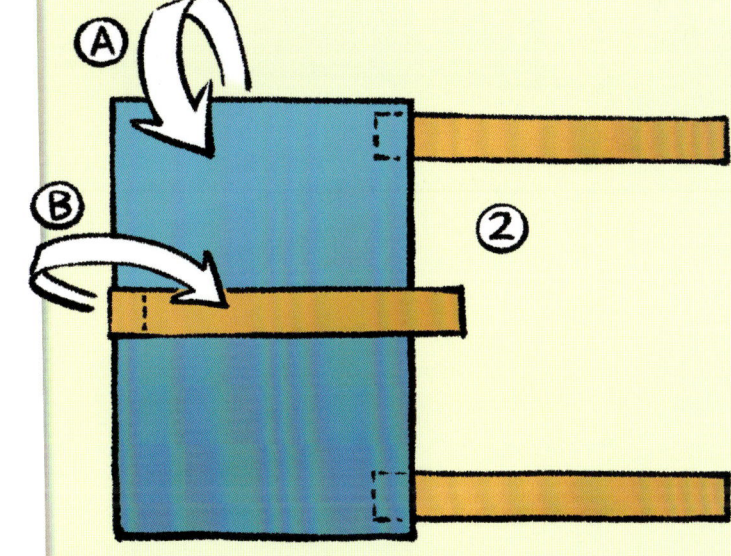

③

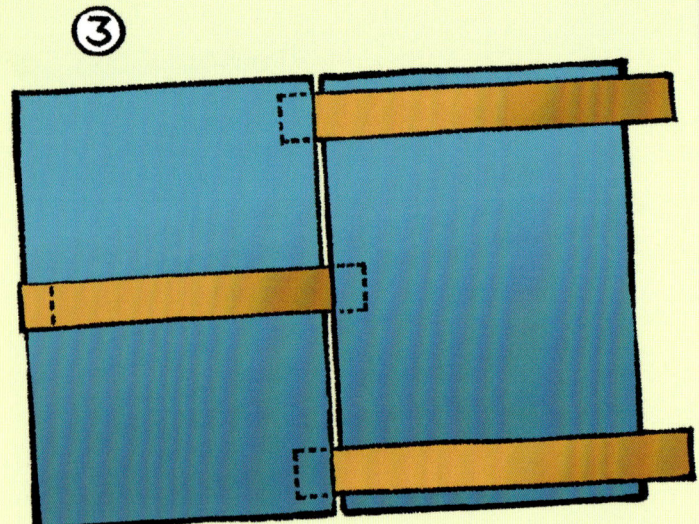

★ Ein zweites Pappstück legst du jetzt wie in Bild 3 unter die beiden rechten Streifen und klebst es dann auf dem einzelnen Streifen fest. Zwischen den beiden Pappstücken sollten etwa 2 mm Platz sein.

★ Dreh das Ganze wieder herum, falte die rechts überstehenden Enden der beiden Papierstreifen nach links über das zweite Pappstück und kleb sie dort fest (Bild 4).

★ Die Seite, auf die du nun schaust, ist später die Außenseite der Mappe. Damit die Enden der Tonpapierstreifen verdeckt werden, und um der Mappe etwas Stabilität zu geben, klebst du nun die beiden übrigen Pappstücke genau auf diese Seiten auf (Bild 5).

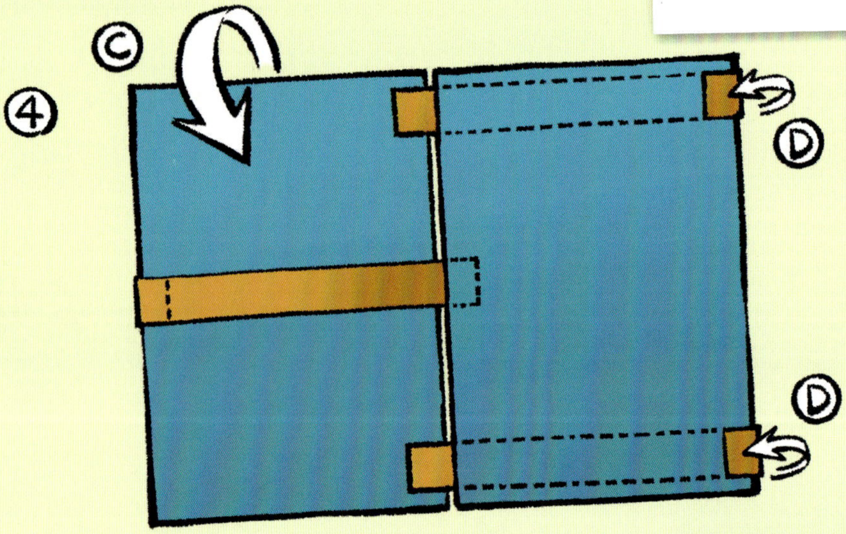

④ ⓒ Ⓓ Ⓓ

⑤

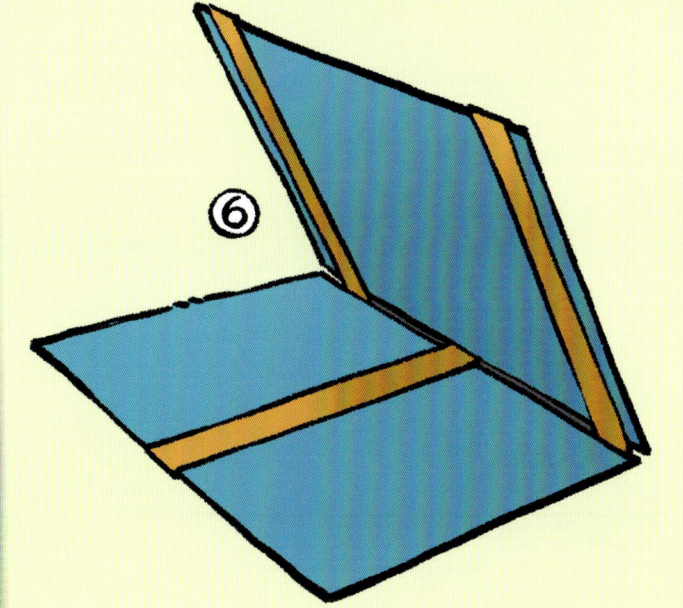

★ Nachdem der Kleber getrocknet ist, drehst du die Mappe wieder herum und faltest die rechte Seite über die linke. Dabei werden die Pappstreifen geknickt. Vor dir liegt nun die Mappe, in die du gleich nur noch die beiden Umschläge einkleben musst (Bild 6).

★ Zuvor möchten wir dich aber mit der Besonderheit dieser Mappe vertraut machen. Man kann sie nämlich nach beiden Seiten öffnen. Versuch es einmal: Du hast gerade die rechte Seite nach links zugeklappt. Normalerweise müsste die Mappe nun nach rechts wieder geöffnet werden. Aber du kannst sie auch nach links öffnen. Versuch einmal beide Richtungen und schau dir die Mappe dabei genau an: Sie sieht gleich aus, egal zu welcher Seite du sie öffnest. Etwas verändert sich aber dabei, was wir zum Zaubern ausnutzen. Um das Geheimnis zu erkennen, öffnest du die Mappe und machst mit einem Bleistift einen kleinen Punkt auf den mittleren Streifen. Nun schließt du die Mappe wieder und öffnest sie zur anderen Seite – der Punkt ist verschwunden! In Wirklichkeit ist er das natürlich nicht, er befindet sich jetzt – für dich im Moment nicht sichtbar – auf der Unterseite des Streifens. Wenn du die Mappe schließt und wieder zur anderen Seite öffnest, ist er wieder da!

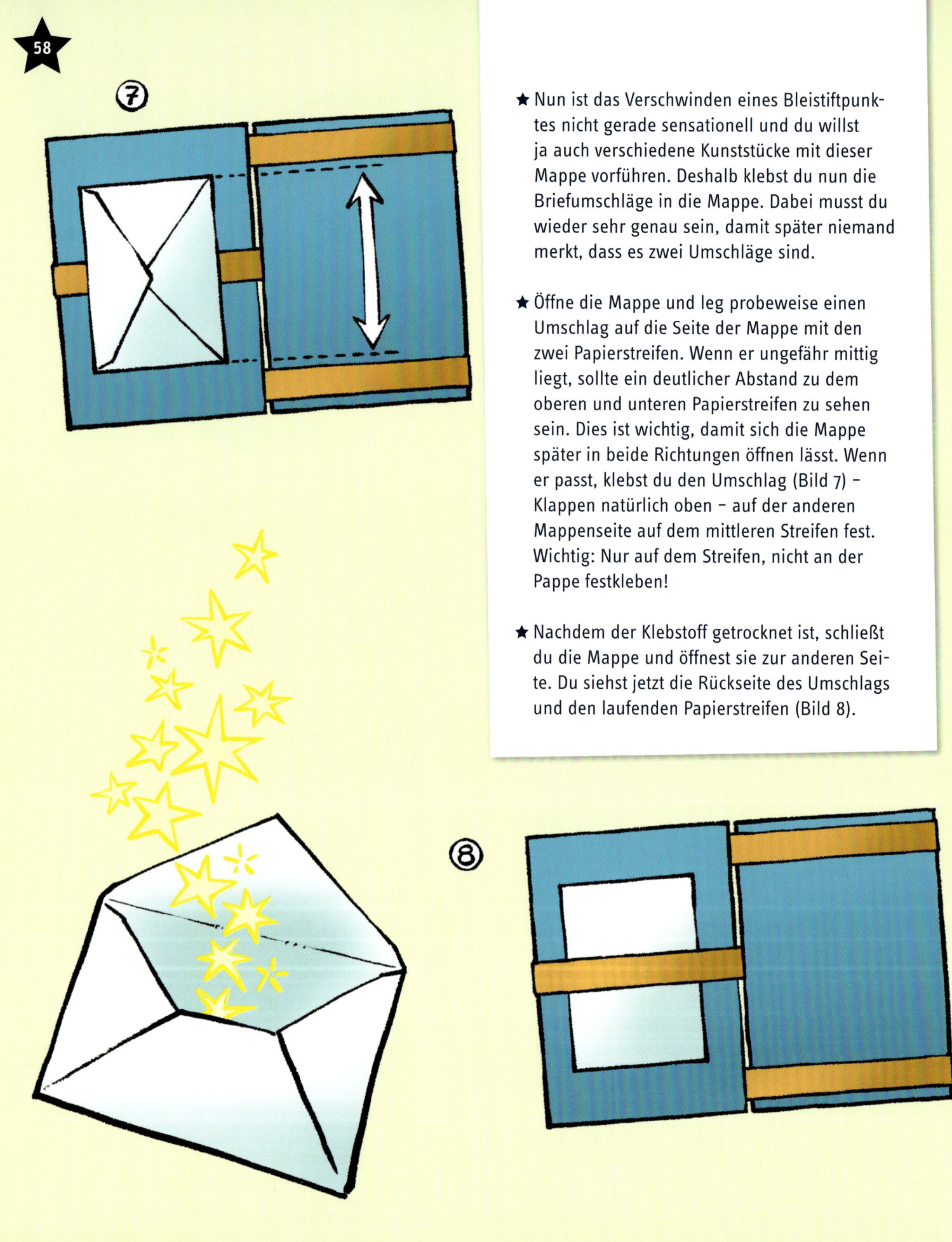

⑦

★ Nun ist das Verschwinden eines Bleistiftpunktes nicht gerade sensationell und du willst ja auch verschiedene Kunststücke mit dieser Mappe vorführen. Deshalb klebst du nun die Briefumschläge in die Mappe. Dabei musst du wieder sehr genau sein, damit später niemand merkt, dass es zwei Umschläge sind.

★ Öffne die Mappe und leg probeweise einen Umschlag auf die Seite der Mappe mit den zwei Papierstreifen. Wenn er ungefähr mittig liegt, sollte ein deutlicher Abstand zu dem oberen und unteren Papierstreifen zu sehen sein. Dies ist wichtig, damit sich die Mappe später in beide Richtungen öffnen lässt. Wenn er passt, klebst du den Umschlag (Bild 7) – Klappen natürlich oben – auf der anderen Mappenseite auf dem mittleren Streifen fest. Wichtig: Nur auf dem Streifen, nicht an der Pappe festkleben!

★ Nachdem der Klebstoff getrocknet ist, schließt du die Mappe und öffnest sie zur anderen Seite. Du siehst jetzt die Rückseite des Umschlags und den laufenden Papierstreifen (Bild 8).

⑧

★ Den zweiten Umschlag klebst du nun auf den ersten – Klappe wieder nach oben – und in die gleiche Richtung wie beim ersten. Nur diesmal klebst du ihn nicht nur auf dem Streifen fest, sondern genau an den Rändern, abschließend auch auf die Rückseite des ersten Umschlags (Bild 9). Wenn du die Mappe nach dem Trocknen schließt und in die beiden verschiedenen Richtungen öffnest, sollte ein Zuschauer keinen Unterschied zwischen den beiden Innenseiten erkennen können.

★ Zum Verzieren der Außenseiten der Mappe kannst du Aufkleber oder Geschenkpapier verwenden, sie können aber auch einfarbig bleiben. Wichtig für den Trickablauf ist nur, dass die Zuschauer Vorder- und Rückseite nicht auseinanderhalten können. Um aber selber die Seiten unterscheiden zu können, kannst du auf eine Seite unauffällig einen kleinen Bleistiftpunkt setzen. Fertig!

Wir erklären dir jetzt zwei kurze wirkungsvolle Kunststücke, die du sofort ausprobieren kannst, und noch ein besonders effektvolles Kunststück, das etwas mehr Vorbereitung erfordert.

TiPP

Eines ist ganz wichtig, wenn man bei Zauberkunststücken Geräte wie diese Mappe einsetzt: Wenn die Kunststücke wirklich unerklärlich sein sollen, darf man sie nur für ein einziges Kunststück verwenden. Wenn du nämlich einmal mit der Mappe ein zerrissenes Foto wieder ganz machst, ein anderes Mal einen Zettel verschwinden lässt, dann weiß sicher jeder, dass nicht du, sondern die Mappe zaubert. Also probier Einiges damit aus und entscheide dich dann für „deinen" Mappentrick.

Das Scheckheft

Vorbereitung

Vor der Vorführung legst du in einen der Umschläge ein Geldstück, das dort während der Vorführung erscheint. Leg zum Beispiel eine Euromünze in einen Umschlag und verschließ ihn wieder, indem du die Klappe einsteckst. Kleb den Umschlag nicht zu, sonst brauchst du beim nächsten Trick einen neuen. Achtung, die Münze kann herausfallen, wenn du die Mappe zu wild bewegst. Du schließt also die Mappe und merkst dir, in welcher Richtung sie geöffnet werden muss, damit der Umschlag mit dem Geld beziehungsweise der leere Umschlag erscheint. Um es einfacher zu machen, kannst du die Mappe auch geöffnet – leeren Umschlag nach oben – bereitlegen. Außerdem brauchst du noch Zettel und Stift.

Vorführung

★ Du sagst zu deinen Zuschauern: *„Als Kind hat man einen ganz anderen Umgang mit Geld als die Erwachsenen. Als Kind bevorzugt man in erster Linie Bargeld. Alle anderen Methoden, wie Kreditkarten und Ähnliches, sind einem doch ziemlich fremd. Damit man aber risikolos den Umgang damit erlernen kann, gibt es im Rahmen der Ausbildung zum Zauberkünstler ein neues Zahlungsmittel: den Kinderscheck."*

★ *„Ich werde das Ganze einmal demonstrieren."* Du nimmst den Zettel und schreibst darauf einen Betrag – natürlich genau den, den du vorher in den Umschlag gesteckt hast, zum Beispiel *„1 Euro". „Dieser Zettel ist also so ein Kinderscheck, und wenn ich darauf zum Beispiel 1 Euro schreibe,*

Material

- ★ Zaubermappe
- ★ Münze oder Geldschein
- ★ Zettel
- ★ Stift

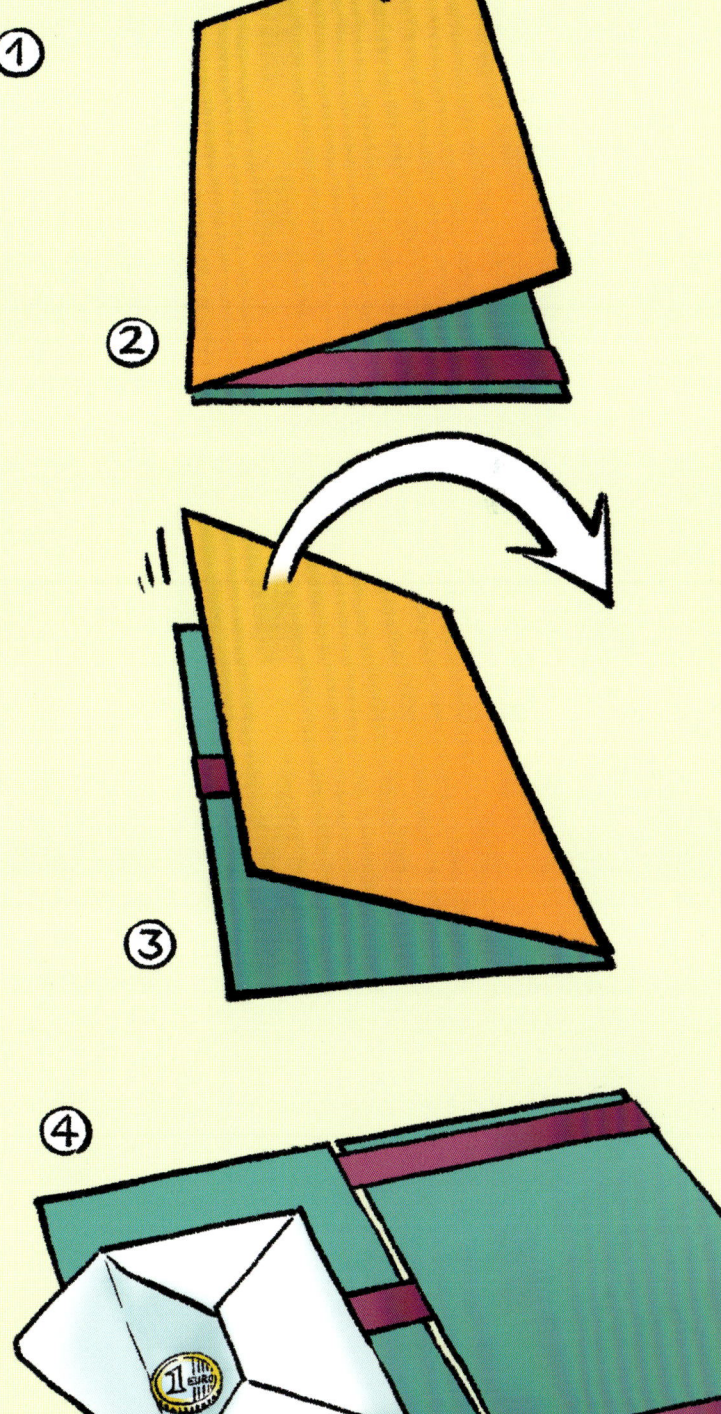

dann ist er genauso viel wert. Ich brauche keinen Geldautomaten, sondern nur mein Scheckheft."

★ Dabei holst du die Mappe hervor, öffnest den leeren Umschlag und zeigst ihn einem Zuschauer. *„Schauen Sie bitte einmal hinein und überzeugen Sie sich, dass nichts darin ist. Alles leer? Gut!"* Während der Zuschauer in den Umschlag blickt, gibst du die Mappe jedoch nicht aus den Händen. *„Würden Sie bitte den Scheck selbst in den Umschlag legen? Danke!"* (Bild 1)

★ Du schließt erst den Umschlag und dann die Mappe (Bild 2). Damit den Zuschauern nicht auffällt, dass du sie anschließend zur anderen Seite hin öffnest, legst du die Mappe nun auf dem Tisch ab. Merk dir aber, welche Seite oben liegt. Dabei sagst du: *„Der Vorgang wird jetzt bearbeitet. Das dauert nur eine Sekunde."*

★ Dann öffnest du die Mappe − richtig herum also, zur anderen Seite (Bild 3) −, ziehst die Klappe des Umschlags heraus und lässt den Euro auf den Tisch rutschen (Bild 4). Es hat funktioniert! Um allen Wünschen nach mehr „Geldzauberei" zuvorzukommen, sagst du nun: *„Leider ist mein Tageshöchstbetrag auf einen Euro festgesetzt! Jetzt muss ich wieder bis morgen warten."*

Das zweite Kunststück ist etwas weniger praktisch und alltäglich, aber das Thema ist dafür umso bekannter.

Der Froschkönig

Bei diesem Trick benutzt du die Mappe, um einen Frosch wie im Märchen in einen Prinzen zu verwandeln.

Vorbereitung

Wie die gleich großen Bilder von Frosch und Prinz genau aussehen, ist nicht wichtig. Man muss nur erkennen können, was sie darstellen sollen. Du kannst also auch selbst gemalte Bilder benutzen. Oder du schneidest sie aus einer Zeitschrift aus, fotokopierst sie oder paust sie aus einem Comic ab. Du kannst natürlich auch unsere Bilder als Vorlage benutzen.

Steck das Bild des Prinzen in den einen Umschlag und verschließ ihn und die Mappe.

Vorführung

Du erzählst den Zuschauern in Kurzform das Märchen vom Froschkönig. An der Stelle im Märchen, wo der Frosch sich ins Bett legt, steckst du die Froschkarte in den leeren Umschlag. Wenn die Nacht (Mappe zu!) vorbei ist (Mappe auf – andere Richtung!) hat sich der Frosch in einen Prinzen verwandelt.

Nach diesen zwei einfachen Zaubermappen-Kunststücken kommt nun ein richtig schwieriges Zauberspektakel!

Material

★ Zaubermappe

★ Bilder von Frosch und Prinz, die in die Umschläge passen

Weggedacht

Effekt

Der Zuschauer wählt aus einem Kartenstapel scheinbar zufällig eine Karte aus, die der Zauberer nicht sieht. Diese Karte lässt der Zauberer mithilfe der Mappe verschwinden und holt sie dann aus einem anderen Umschlag außerhalb der Mappe wieder hervor.

Geheimnis

In diesem Kunststück kommen zwei Techniken vor, von denen du eine gerade kennengelernt hast: unsere Zaubermappe. Die zweite Methode nennt man das **Kartenforcieren**. Hierbei wählt ein Zuschauer, der scheinbar frei eine beliebige Karte aus einem Spiel nimmt, in Wirklichkeit eine von dir vorher bestimmte Karte. Wie das geht, erfährst du gleich. Damit das Kunststück noch unerklärlicher wird, haben wir diese beiden Techniken kombiniert.

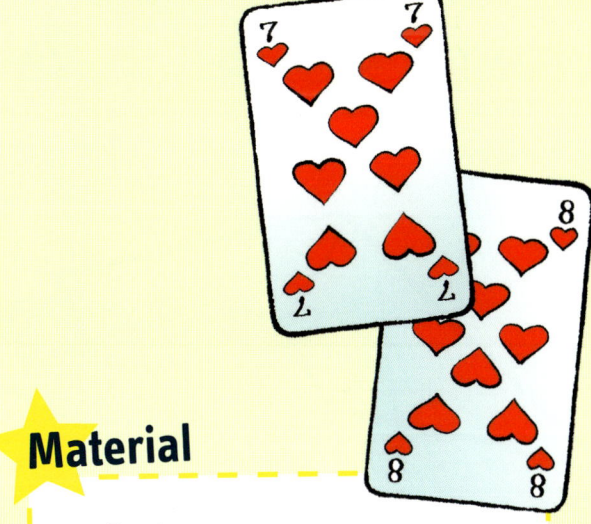

Material

- ★ Zaubermappe
- ★ 2 gleiche Kartenspiele
- ★ 5 Briefumschläge

①

②

③

Vorbereitung

★ Aus einem Kartenspiel suchst du Herz-Sieben, Herz-Acht, Herz-Neun, Herz-Zehn und Herz-Bube heraus. Diese fünf Karten legst du verdeckt oben auf das Spiel. Die oberste Karte ist die Herz-Sieben, die fünfte ist der Herz-Bube (Bild 1).

★ Vom zweiten Spiel suchst du die gleichen fünf Karten heraus und legst jeweils eine in einen der fünf Umschläge. Dann verschließt du die Umschläge, indem du die Laschen einsteckst. Die Umschläge legst du für die Zuschauer nicht sichtbar auf einen Stuhl (oder in deine Zauberkiste oder den Zauberkoffer), und zwar so, dass sie leicht aufgefächert sind. Im oberen Umschlag ist wieder die Herz-Sieben, im untersten der Herz-Bube. Merk dir diese Reihenfolge (Bilder 2 und 3).

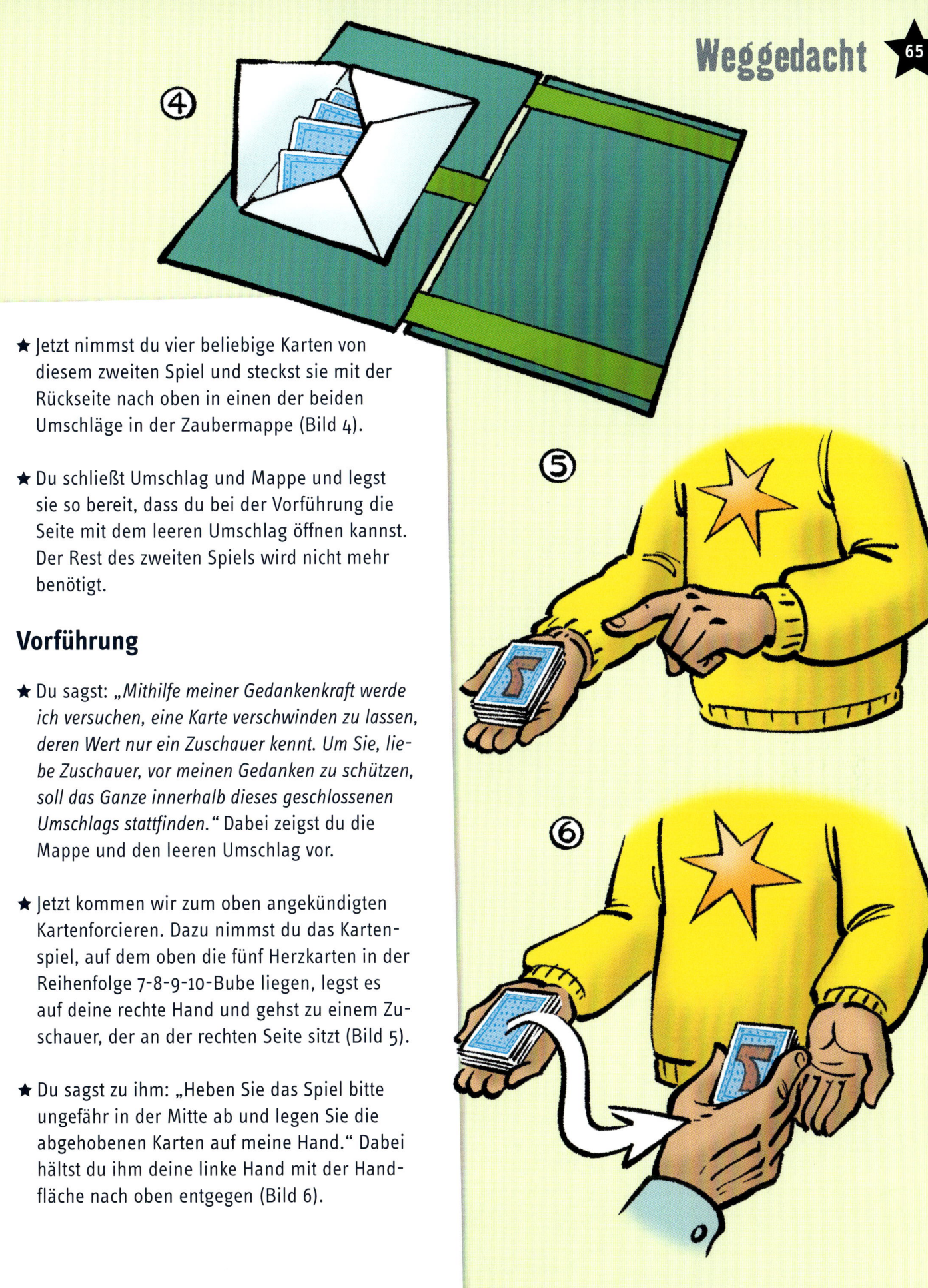

④

★ Jetzt nimmst du vier beliebige Karten von diesem zweiten Spiel und steckst sie mit der Rückseite nach oben in einen der beiden Umschläge in der Zaubermappe (Bild 4).

★ Du schließt Umschlag und Mappe und legst sie so bereit, dass du bei der Vorführung die Seite mit dem leeren Umschlag öffnen kannst. Der Rest des zweiten Spiels wird nicht mehr benötigt.

Vorführung

★ Du sagst: *„Mithilfe meiner Gedankenkraft werde ich versuchen, eine Karte verschwinden zu lassen, deren Wert nur ein Zuschauer kennt. Um Sie, liebe Zuschauer, vor meinen Gedanken zu schützen, soll das Ganze innerhalb dieses geschlossenen Umschlags stattfinden."* Dabei zeigst du die Mappe und den leeren Umschlag vor.

★ Jetzt kommen wir zum oben angekündigten Kartenforcieren. Dazu nimmst du das Kartenspiel, auf dem oben die fünf Herzkarten in der Reihenfolge 7-8-9-10-Bube liegen, legst es auf deine rechte Hand und gehst zu einem Zuschauer, der an der rechten Seite sitzt (Bild 5).

★ Du sagst zu ihm: *„Heben Sie das Spiel bitte ungefähr in der Mitte ab und legen Sie die abgehobenen Karten auf meine Hand."* Dabei hältst du ihm deine linke Hand mit der Handfläche nach oben entgegen (Bild 6).

⑤

⑥

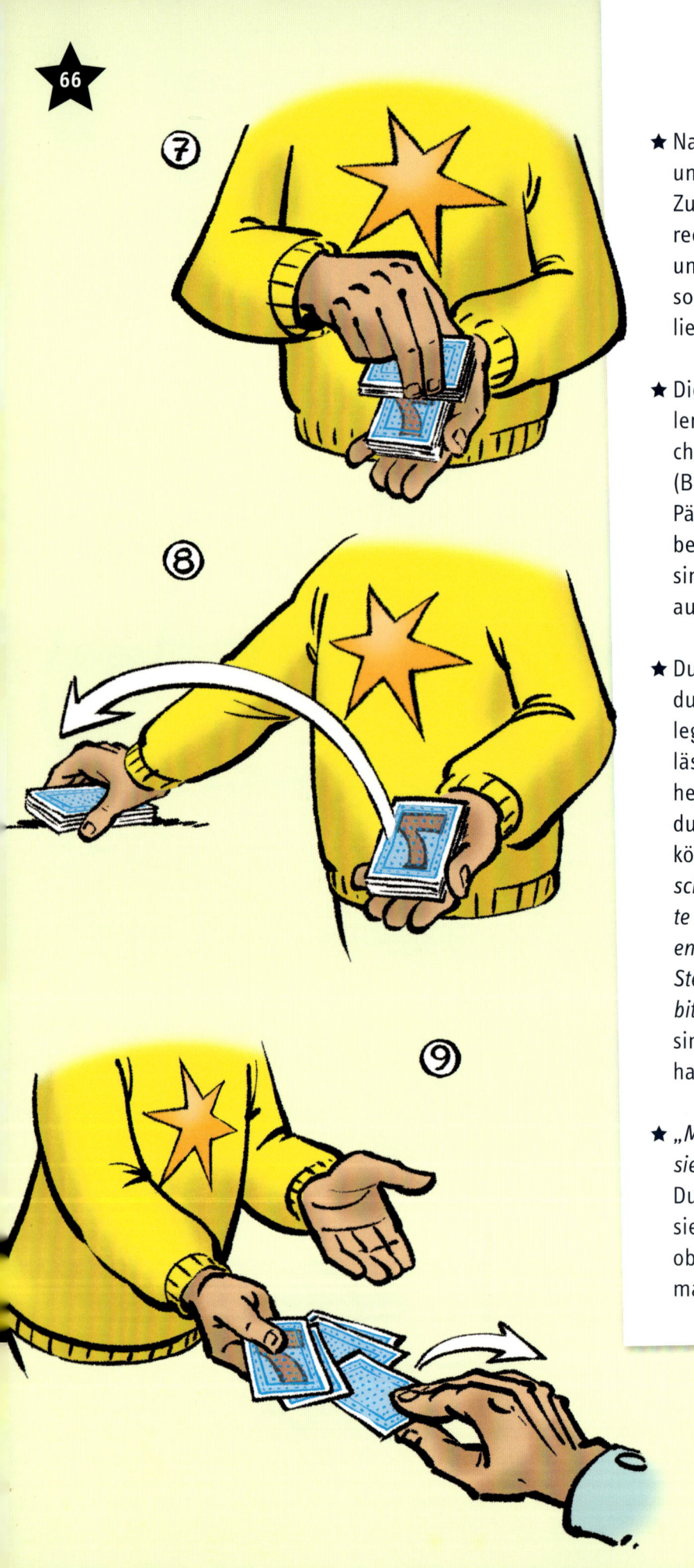

⑦

⑧

⑨

★ Nachdem er das getan hat, bedankst du dich und wendest dich nach links zu einem anderen Zuschauer. Auf dem Weg dorthin legst du die rechts gehaltenen Karten mit dem Gesicht nach unten auf die in deiner linken Hand, und zwar so, dass die beiden Spielhälften über Kreuz liegen (Bild 7).

★ Dieser Zuschauer soll nun eine Karte auswählen. Dazu nimmst du das oben liegende Päckchen weg und legst es auf den Tisch oder Stuhl (Bild 8). Die Zuschauer denken, dass in dem Päckchen in der Hand nun die Karten liegen, bei denen abgehoben wurde. In Wirklichkeit sind es aber die Herzkarten, die vorher oben auf dem Spiel lagen.

★ Du nimmst nun diese fünf Karten ohne sie durcheinanderzubringen vom Päckchen – das legst du beiseite zu dem anderen Stapel – und lässt den Zuschauer eine der fünf Karten ziehen. Dabei hältst du die Karten so, dass weder du noch der Zuschauer in die Karten sehen können (Bild 9). Du sagst: *„Nachdem ein Zuschauer diese Stelle im Spiel bestimmt hat, möchte ich nun Sie bitten, sich für eine einzige Karte zu entscheiden. Ich nehme einige Karten von dieser Stelle* (tatsächlich genau fünf) *und Sie nehmen bitte eine davon! Danke!"* Da die Karten sortiert sind, weißt du sofort, welche Karte er gewählt hat, aber du sagst natürlich nichts.

★ *„Merken Sie sich bitte die Karte und stecken Sie sie dann wieder zu den restlichen vier Karten."* Du mischst die fünf Karten nun etwas und legst sie dann ganz langsam mit der Rückseite nach oben in den leeren Umschlag deiner Zaubermappe.

★ Der Umschlag und die Mappe werden geschlossen. Dazu sagst du: *„Diese Karten werden jetzt hier sicher verschlossen und nun werde ich das Experiment wagen!"* Du hältst die Mappe mit ausgestreckten Armen vor dich. *„Ich kenne Ihre Karte nicht, aber ich werde nun versuchen, dank meiner zauberhaften Gedankenkraft eine Karte aus diesem Umschlag verschwinden zu lassen, und zwar genau Ihre! Denken Sie bitte fest an Ihre Karte!"*

★ Nach einiger Konzentration öffnest du erst die Mappe (andersherum natürlich), dann den Umschlag und nimmst ganz langsam die Karten heraus (es sind die beliebig ausgewählten, die du vor der Vorführung hineingetan hast). Alle sollen sehen, dass der Umschlag ansonsten leer ist.

★ Du legst die Mappe in den Koffer (oder auf den Stuhl), gibst die Karten dem Zuschauer und bittest ihn, sie mit der Rückseite nach oben zu zählen: Es sind nur vier, eine fehlt!

★ Du sagst: *„Eine Karte ist verschwunden – so weit, so gut! Schauen Sie nun nach, ob Ihre Karte noch dabei ist. Aber sagen Sie bitte nicht, welche Karte es war! ..."* (Natürlich ist die Karte nicht dabei, denn es handelt sich ja um vier ganz andere Karten.) *Nein, sie ist nicht mehr im Päckchen! Das Kunststück hat geklappt."*

★ *„Hervorragend! Wir sind ein perfektes Team. Aber natürlich verschwindet eine Karte nicht einfach irgendwohin."* Du nimmst jetzt den Umschlag von den fünf vorbereiteten vom Stuhl, in dem sich die gleiche Karte befindet, wie die, die der Zuschauer gezogen hat. Du öffnest den Umschlag und holst die Karte mit der Rückseite zum Publikum heraus. Es versteht sich natürlich von selbst, dass die Zuschauer von der Existenz der anderen Umschläge nichts wissen dürfen.

★ *„Tatsächlich ist Ihre Karte hier in meinen Umschlag gewandert. In dem Umschlag kommen alle Dinge an, die ich verschwinden lasse. Würden Sie bitte jetzt mir und den Zuschauern verraten, welche Karte Sie gewählt hatten?"* Zum ersten Mal während dieses Kunststücks sagt der Zuschauer nun, wie seine Karte heißt. Erst dann drehst du die Karte aus dem Umschlag um und hältst sie hoch, sodass alle sie sehen können. *„Ich muss gestehen, dass ich an dieser Stelle selbst immer wieder staune, aber es hat geklappt!"* Dann verbeugst du dich und bedankst dich damit für den hoffentlich kräftigen Applaus.

TIPP

Wenn du ohne Zaubermappe einen reinen Kartentrick präsentieren willst, kannst du diesen Trick bis zum letzten Schritt auf Seite 66 vorführen. Anstatt die fünf Karten in die Mappe zu legen, findest du dann einfach aus ihnen die Karte heraus, die der Zuschauer ausgewählt hat. Welche dies ist, weißt du ja durch das Kartenforcieren.

TRICKS MIT JOGHURTBECHERN

Die Kunststücke in diesem Kapitel sind wieder Beispiele dafür, dass man auch mit Alltagsgegenständen zaubern kann, wenn man sie ein bisschen präpariert. Ein Gegenstand, der fast überall zu finden ist und nach dem Gebrauch weggeworfen wird, weil er nutzlos scheint, ist der Joghurtbecher.

Der schwere Joghurtbecher

Effekt und Geheimnis

Der Zauberer lässt von verschiedenen Zuschauern einen Joghurtbecher anheben. Der Becher erscheint den Zuschauern mal schwer und mal leicht. Das Geheimnis: Der Becher ist so präpariert, dass du ihn mithilfe deines Daumens leichter oder schwerer machen kannst.

Vorbereitung/Präparation

Präparation

★ Nimm einen Joghurt und öffne den Deckel so vorsichtig, dass er ganz bleibt.

★ Säuber den leeren Joghurtbecher und den Deckel und trockne beides ab. Nun glättest du den Deckel wieder, sodass er wie neu aussieht. Du klebst ihn später nämlich wieder auf den Becher.

Material

★ Joghurtbecher (250 g)

★ Bleistift

★ Nagelschere

★ Klebestift

★ Zeitungspapier

★ Untertasse oder Brettchen

★ undurchsichtiges Tuch

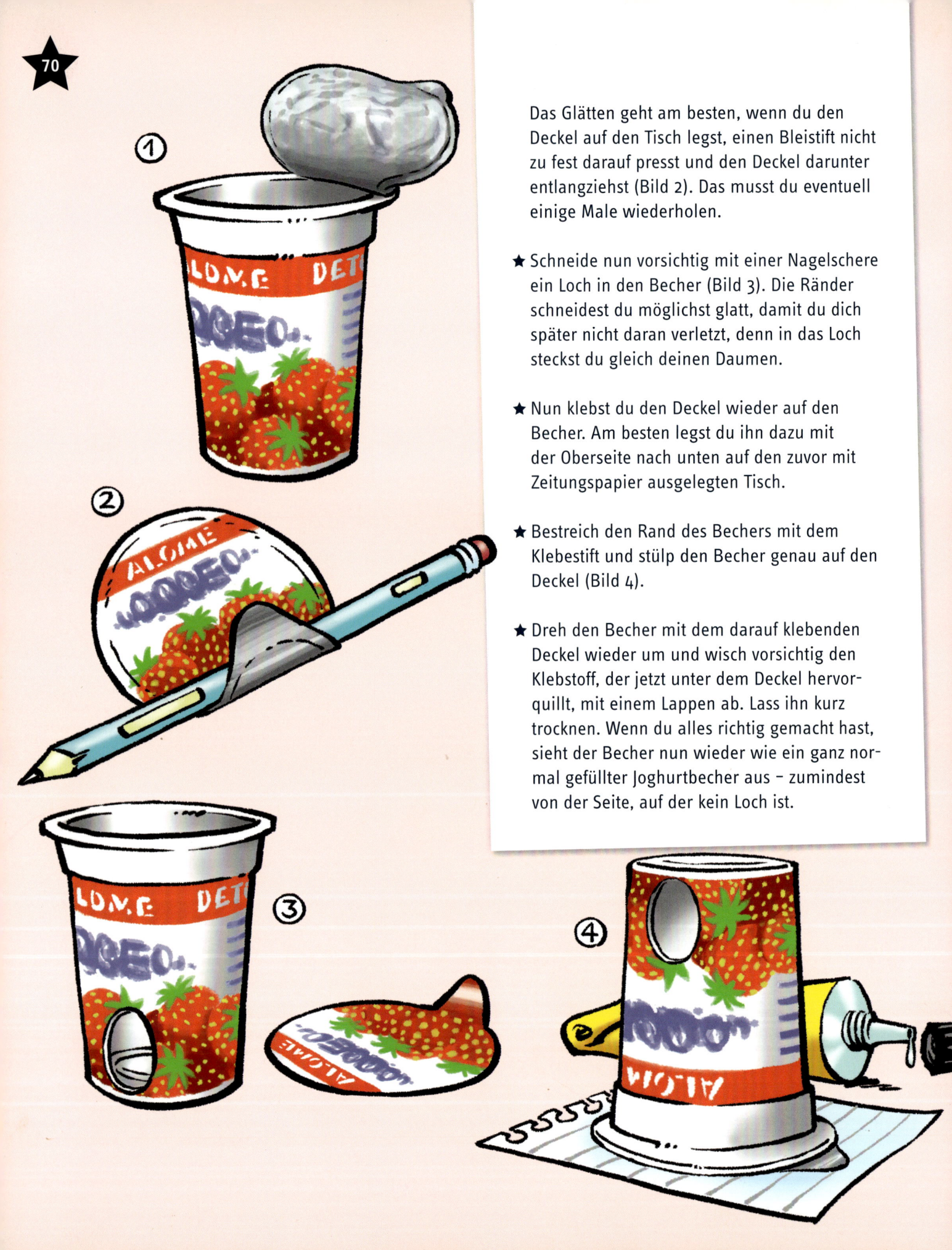

Das Glätten geht am besten, wenn du den Deckel auf den Tisch legst, einen Bleistift nicht zu fest darauf presst und den Deckel darunter entlangziehst (Bild 2). Das musst du eventuell einige Male wiederholen.

★ Schneide nun vorsichtig mit einer Nagelschere ein Loch in den Becher (Bild 3). Die Ränder schneidest du möglichst glatt, damit du dich später nicht daran verletzt, denn in das Loch steckst du gleich deinen Daumen.

★ Nun klebst du den Deckel wieder auf den Becher. Am besten legst du ihn dazu mit der Oberseite nach unten auf den zuvor mit Zeitungspapier ausgelegten Tisch.

★ Bestreich den Rand des Bechers mit dem Klebstift und stülp den Becher genau auf den Deckel (Bild 4).

★ Dreh den Becher mit dem darauf klebenden Deckel wieder um und wisch vorsichtig den Klebstoff, der jetzt unter dem Deckel hervorquillt, mit einem Lappen ab. Lass ihn kurz trocknen. Wenn du alles richtig gemacht hast, sieht der Becher nun wieder wie ein ganz normal gefüllter Joghurtbecher aus – zumindest von der Seite, auf der kein Loch ist.

Und so funktioniert der Trick

Damit die Zuschauer das Geheimnis nicht sehen, brauchst du für das Kunststück noch ein Brettchen oder eine Untertasse und ein Tuch, das undurchsichtig und so groß ist, dass Becher und Brett gerade verdeckt sind.

★ Stell den Becher mit dem Loch zu dir auf das Brett und verdeck ihn (Bild 5).

★ Wenn du willst, dass der Becher schwer wird, presst du einfach unter dem Tuch deinen Daumen durch das Loch auf den Boden des Bechers. Du kannst aber auch nur so fest drücken, dass der Zuschauer den Becher ein wenig anheben kann. Soll der Becher anschließend ganz leicht sein, nimmst du den Daumen einfach wieder ganz aus der Öffnung in der Becherwand heraus.

Vorführung

★ Du zeigst den verschlossenen Joghurtbecher (Loch zu dir gedreht) und sagst: *„Viele Menschen haben große Schwierigkeiten, Gewichte zu schätzen. Nehmen Sie zum Beispiel diesen Becher: Manche Leute sagen, er wiegt ein Kilogramm, andere sagen, er wiegt nur 100 Gramm. Wer von Ihnen weiß, wie viel er wirklich wiegt?"* Sofort beantwortest du die Frage selbst: *„Die Frage war natürlich sehr einfach, denn es steht ja drauf ... hier steht es: Inhalt 250 Gramm. Der Becher selbst wiegt ja nur ein paar Gramm."* *„Aber dem einen können 250 Gramm sehr schwer vorkommen, dem anderen sehr leicht, je nachdem, wie ich es will. Wir machen mal einen Versuch."*

★ Du stellst den Becher auf die Untertasse, deckst ein Tuch darüber, steckst heimlich deinen Daumen in das Loch und gehst zu einem Zuschauer. Dabei sagst du: *„Stellen Sie sich vor, Sie müssten eine Dose anheben, die voller Steine ist. Damit Ihnen das leichter fällt, decke ich ein Tuch über den Becher. Stellen Sie sich nun also vor, der Becher sei ganz schwer, sie könnten ihn kaum anheben ... So, versuchen Sie es mal ... und?"* Der Zuschauer versucht den Becher hochzuheben und muss bestätigen, dass er wirklich sehr schwer ist, denn du drückst dabei kräftig mit dem Daumen auf die Untertasse.

★ Nun gehst du zu einem anderen Zuschauer und bittest diesen: *„Und Sie stellen sich nun bitte vor, der Becher sei leer, nur mit Luft gefüllt."*

Der Zuschauer hebt den Becher an und stellt fest, dass er nun ganz leicht ist. Diesmal ziehst du zuvor den Daumen aus dem Becher heraus.

★ *„Aber in Wirklichkeit"*, sagst du und ziehst dabei das Tuch vom Becher, *„war beides, was meine beiden Helfer gespürt haben, eine Illusion. Dies ist natürlich ein ganz normaler Joghurtbecher, dessen Inhalt ich nach meiner Vorstellung ganz allein verspeisen werde."* Mit diesen Worten stellst du Becher, Tuch und Untertasse schnell beiseite, so als ob du verhindern willst, dass jemand anders dir den Joghurt vor der Nase wegisst.

Tipp

Bei diesem Kunststück ist wichtig, wen du als Helfer auswählst. Am besten nimmst du einen Erwachsenen, von dem du weißt, dass er nicht unbedingt herausbekommen will, wie du deine Tricks machst. Du hast vielleicht schon erfahren, dass es sehr unterschiedliche Zuschauer gibt. Die einen freuen sich über jeden Trick. Andere ärgern sich darüber, dass sie nicht wissen, wie er geht – so einen Zuschauer solltest du für diesen Trick auf keinen Fall auswählen, damit er nicht plötzlich versucht, dir den Becher von der Untertasse zu reißen.

Ein Trick für zwischendurch

Du kennst ja inzwischen schon die alte Zauber-regel, dass man einen Trick normalerweise vor ein und demselben Publikum nur einmal vor-führen soll. Für die Art von Kunststück, die wir dir nun beschreiben wollen, trifft das allerdings nicht zu. Es handelt sich um einen sogenannten **Running Gag**, das ist ein englischer Ausdruck. Ein Gag ist ein Witz oder ein witziger Einfall. „Running" heißt einfach „laufend". Damit ist ein Gag gemeint, den man laufend wiederholt und der gerade dadurch, dass man ihn laufend wie-derholt, besonders lustig wirkt. Unser Running Gag ist ein kleiner Zaubertrick, den du zwischen den einzelnen Kunststücken deines Zauberpro-gramms immer wieder vorführen kannst. Jedes Mal werden die Zuschauer etwas mehr staunen.

Effekt und Geheimnis

Du tust so, als ob du ein Kunststück mit einer Dose vorführen willst. Aber immer wenn du in die Dose greifst, findest du darin zu deiner Überraschung einen Joghurtbecher, der dich beim Zaubern stört. Die Zuschauer finden das lustig und sind gleichzeitig verblüfft, weil eigentlich nur ein Becher in die Dose passen dürfte. Der Trick dabei: Die Becher sind so präpariert, dass sie sich zusammenklappen lassen.

Vorbereitung/Präparation

★ Du brauchst so viele Joghurtbecher, wie du während deines Programms erscheinen lassen willst. Löse die Deckel wieder so vorsichtig vom Becher ab, dass sie ganz bleiben. Sie werden später glatt gestrichen und wieder auf die Öffnungen der Becher geklebt (siehe „Der schwere Joghurt-becher" auf Seite 69).

Material

★ mehrere Joghurtbecher (250 g)

★ Schere

★ Klebstoff

★ Dose

①

②

③

④

★ Zerschneide mit der Schere alle Becher in drei etwa gleich hohe Teile. Stell den Bodenteil eines Bechers in den nächstgrößeren und beide zusammen in den größten Teil (Bilder 1 und 2).

★ Kleb den glatt gestrichenen Deckel wieder auf den Becher (Bild 3). Hebst du solch einen Becher am oberen Rand hoch, „entfaltet" er sich fast wieder zu seiner ganzen Größe und sieht recht normal aus (Bild 4). Man kann ihn natürlich nicht auf dem Tisch abstellen – dann würde er wieder in sich zusammensinken. Deshalb musst du ihn im Zauberkoffer (oder an einem anderen Ort, wo die Zuschauer ihn nicht sehen können) abstellen.

Dass die erscheinenden Becher nicht ganz so groß sind wie ihre normalen „Kollegen", wird keinem deiner Zuschauer auffallen, weil du die Becher ja nicht deutlich zeigst, sondern sie nur aus der Dose holst und gleich, weil sie dich ja angeblich beim Zeigen deines Tricks gestört haben, wieder wegstellst. Sie sind also immer in Bewegung. Deshalb wird auch niemand merken, dass der Aufdruck auf den Bechern vielleicht

nicht so ganz stimmt. Außerdem kannst du zur Sicherheit die Becher so halten, dass deine Hand einen Teil des Bechers verdeckt (Bild 5).
Als Dose, aus der die Joghurtbecher erscheinen, eignen sich zum Beispiel Blechdosen mit einem Plastikdeckel, in denen Pulverkaffee verkauft wird. In eine solche Dose passen vier unserer präparierten Becher (Bild 6) hinein.

Vorführung

★ Nach dem ersten Kunststück des Zauberprogramms kündigst du an, einen Trick mit einer leeren Dose vorführen zu wollen. Du öffnest die Dose, schaust verdutzt hinein und holst einen Becher Joghurt daraus hervor. Du zeigst ihn kurz und stellst ihn dann in deinen Zauberkoffer. *„Na ja, das macht nichts, das ist nur mein Pausenjoghurt,"* sagst du, *„dann zeige ich Ihnen*

eben ein anderes Kunststück." Die Dose stellst du so ab, dass sie immer in Sicht der Zuschauer ist, damit diese nicht glauben, du hättest verschiedene Dosen oder würdest heimlich den Becher wieder in die Dose stellen. Dann gehst du zum nächsten Trick deines Programms über.

★ Ist dieser Trick beendet, sagst du erneut: *„Meine Damen und Herren, ich wollte Ihnen wie gesagt eigentlich ein Kunststück mit einer leeren Dose vorführen."* Dabei öffnest du wieder die Dose, stutzt und holst einen zweiten Becher Joghurt daraus hervor, der eigentlich schon gar keinen Platz mehr in der Dose gehabt hätte.

★ Das Ganze wiederholt sich noch einige Male. Du kommst nicht dazu, das angekündigte Kunststück mit der Dose zu zeigen, weil dir jedes Mal ein Becher Joghurt dazwischenkommt.

VERSCHIEDENE TRICKS

Im diesem Kapitel findest du vier Kunststücke, die eigentlich gar nichts gemeinsam haben. Weder benutzt man ein spezielles Requisit noch eine besondere Technik oder Methode. Aber alle drei Tricks sind sehr wirkungsvoll! Deshalb schlagen wir dir auch vor, zwei davon in dein erstes Zauberprogramm aufzunehmen.

Eine starke Vorhersage

Nun wird's mathematisch. Aber keine Angst, nicht du musst rechnen, sondern ein Zuschauer.

Effekt

Der Zauberkünstler erzählt, dass er ein Experiment versuchen will, bei dem es ums Rechnen geht. Kurz vor der Vorstellung hat er versucht sich vorzustellen, welche Zahl an diesem Tag wohl von besonderer Bedeutung sein könnte. Dann hat er sie auf einen Zettel geschrieben und diesen in einen Umschlag gesteckt. Nachdem er dies erzählt hat, stellt er den Umschlag für alle sichtbar auf den Tisch. Und damit niemand vermutet, dass vorher etwas mit einem Zuschauer abgesprochen wurde, schreiben gleich drei Zuschauer auf einen Schreibblock untereinander jeweils eine dreistellige Zahl auf. Ein vierter Zuschauer addiert die drei Zahlen und verkündet laut das Ergebnis. Der Zauberkünstler nimmt nun den Umschlag und gibt ihn einem weiteren Zuschauer, der ihn öffnen und die auf dem Block aufgeschriebene Zahl nennen soll: Sie stimmt mit dem Ergebnis der Rechnung überein!

Geheimnis/Vorbereitung

Wenn man einen Spiralblock ungefähr in der Mitte aufklappt und das Deckblatt und einige Blätter nach hinten umschlägt, sieht er von beiden Seiten gleich aus. Und das ist für unseren Trick sehr wichtig. Aber wir möchten dir erst einmal beschreiben, wie das Kunststück funktioniert.

Material

- ★ kleiner Spiralblock
- ★ Stift
- ★ Umschlag

① ②

★ Da du dich natürlich nicht darauf verlassen kannst, dass die Zuschauer zufällig die richtigen Zahlen auf den Block schreiben, stehen auf einer Seite des Blocks schon vorher drei dreistellige Zahlen, also zum Beispiel 354, 820, 586.

★ Es würde natürlich auffallen, wenn diese Zahlen alle mit der gleichen Handschrift geschrieben wären und dazu noch mit einer Kinderhandschrift. Also musst du drei Erwachsene bitten, jeweils eine dreiteilige Zahl auf den Block zu schreiben. Diese sollten natürlich später keine Zuschauer deiner Zaubervorstellung sein.

★ Die drei verschiedenen Zahlen sollten etwa so aussehen wie auf Bild 2. Wenn du nun den Block umdrehst, sieht man ein leeres Blatt. Und so, also mit der leeren Seite nach oben, sollte der Block dann auch für deine Vorstellung bereitliegen.

★ Vor der Aufführung musst du natürlich noch die drei Zahlen, die du hast aufschreiben lassen, zusammenrechnen. Schreib die Summe auf einen Zettel, steck diesen in den Briefumschlag und klebe ihn zu.

★ Der Trick bei der Vorführung ist, dass du drei Zuschauer Zahlen auf die leere Blockseite schreiben lässt. Bevor der vierte Zuschauer die Zahlen zusammenrechnen soll, drehst du den Block in deiner Hand aber unauffällig so um, dass der vierte Zuschauer nun die Seite mit den schon vorher geschriebenen Zahlen sieht. Wie das geht, beschreiben wir gleich. Du solltest übrigens bei der Vorstellung denselben Stift verwenden, den du auch zur Vorbereitung benutzt hast, damit der vierte Zuschauer keinen Unterschied feststellt.

Vorführung

★ Du sagst: *„Ich möchte Ihnen nun ein Experiment zeigen, bei dem es um Zahlen geht. Ich möchte nicht mit Ihnen um die Wette rechnen, nein, ich habe mir etwas anderes ausgedacht: Ich hatte heute Morgen eine Ahnung, dass heute eine ganz bestimmte Zahl eine Rolle spielen würde. Und deshalb habe ich sie schon vor der Vorstellung auf einen Zettel geschrieben und in diesen Umschlag gesteckt."* Bei diesen Worten zeigst du den Umschlag und lehnst ihn so an einen Gegenstand auf deinem Zaubertisch, dass er für alle gut sichtbar ist.

★ Dann nimmst du den Block zur Hand (leeres Blatt oben), gehst auf einen Zuschauer zu und sagst: *„Darf ich Sie bitten, eine beliebige dreistellige Zahl hier oben auf das Blatt zu schreiben?"* Dabei gibst du dem Zuschauer den Stift und hältst ihm den Block hin. Mit der anderen Hand zeigst du etwa dorthin, wo auf dem vorbereiteten Blatt mit den drei Zahlen die oberste Zahl steht. Du behältst den Block in der Hand, damit der Zuschauer ihn nicht

zufällig umdreht und dabei die Zahlen auf der Rückseite entdeckt (Bild 3).

★ Sobald der Zuschauer seine Zahl geschrieben hat, bedankst du dich bei ihm. Du gehst sofort zu einer anderen Person und bittest sie, eine zweite dreistellige Zahl unter die erste zu schreiben.

★ Ist der zweite Zuschauer fertig, gehst du zügig zu einem dritten und lässt eine dritte Zahl aufschreiben. Dabei sagst du: *„Nehmen Sie irgendeine dreistellige Zahl, die Ihnen gerade zufällig in den Kopf kommt."* Du solltest vor allen Dingen diesem letzten Zuschauer, sobald er fertig ist, den Block schnell wieder wegnehmen, damit er nicht auf die Idee kommt, die drei Zahlen zusammenzuzählen. Sollte ein Zuschauer beim Aufschreiben der Zahlen versuchen, diese vor dir zu verbergen, sagst du: *„Ich kann ruhig sehen, welche Zahl Sie aufschreiben. Ich kann ja sowieso nichts mehr ändern. Meine Voraussage steht ja schon da vorne."* Dabei zeigst du auf den verschlossenen Umschlag.

④

⑤

⑥

★ Sind alle drei Zahlen notiert, machst du eine kleine Pause und sagst: *„Ich konnte nicht beeinflussen, welche Zahlen Sie aufschreiben würden."* Dann wendest du dich an einen Zuschauer, der etwas weiter entfernt sitzt, und sagst: *„Würden Sie nun bitte die drei Zahlen addieren?"*

★ Du wählst einen Zuschauer, der etwas weiter hinten sitzt, damit der Weg zu ihm länger ist. Denn während dieses Weges passiert etwas, das die Zuschauer nicht bemerken dürfen: Du musst den Block umdrehen. Am besten geht das, wenn du, während du auf den Zuschauer zugehst, beide Hände ganz natürlich am Körper herunterhängen lässt.

★ In dem Moment, in dem du dem Zuschauer den Stift entgegenhältst, also die eine Hand wieder hebst, dreht die andere Hand den Block um, wie das die Bilder 4 bis 6 zeigen. Das dauert nur einen Moment und niemand wird, wenn du es ganz beiläufig machst, etwas bemerken. Du darfst dabei nicht auf deine Hand schauen, sondern schaust den Zuschauer an, dem du den Stift geben willst.

★ Nach dem „Wendemanöver" hältst du dem Zuschauer den Block hin. Er blickt nun auf die Zahlen, die du vor der Vorführung hast aufschreiben lassen. Dieser Zuschauer darf etwas genauer hinsehen, es ist ja nichts Verdächtiges zu erkennen. Er glaubt ja, er rechne die Zahlen zusammen, die die drei Zuschauer gerade aufgeschrieben haben. Ist er fertig, bittest du ihn, das Ergebnis laut

zu nennen. Du wiederholst: „*Die Summe der Zahlen, die drei der hier Anwesenden aufgeschrieben haben, lautet* (bei unserem Beispiel): *1760.*"

★ Du gehst zurück zu deinem Zaubertisch und ergreifst den Umschlag, um ihn einem fünften Zuschauer zu überreichen. Du bittest den Zuschauer, ihn zu öffnen und die Zahl auf dem Zettel laut vorzulesen. Jetzt müssten eigentlich, wenn du alles richtig gemacht hast, alle (außer dir) ziemlich staunen.

Tipp

Vielleicht sagst du jetzt, dass es noch besser wirken würde, wenn der Umschlag schon vor dem Zusammenrechnen der Zahlen in der Hand eines Zuschauers wäre. Das mag schon sein, aber dadurch, dass du ihn erst später dorthin gibst, bleibt den Zuschauern, die darüber nachdenken, wie der Trick wohl geht, wenigstens noch eine mögliche (wenn auch falsche) Lösung des Kunststücks, nämlich die, dass du auf dem Weg vom Tisch zum Zuschauer das richtige Ergebnis irgendwie in den Umschlag hineingefummelt hast. Erfahrene Zauberkünstler wissen, dass ein Zaubertrick besser wirkt, wenn er für die Zuschauer nicht völlig unmöglich scheint.

Der sichere Griff

Für diesen Trick brauchst du acht bis zehn leere Filmdosen. Du bekommst sie meistens umsonst in Fotoläden. Sie sollten schwarz, auf jeden Fall aber undurchsichtig sein. Oft ist der Deckel ebenfalls schwarz, manchmal aber auch grau oder orange. Die Farbe spielt keine Rolle, nur müssen alle Dosendeckel die gleiche Farbe haben, damit man sie nicht voneinander unterscheiden kann. Auf die Deckel kommt es nämlich an.

Effekt

Du zeigst deinen Zuschauern einige leere Filmdosen. Dann legst du oder ein Zuschauer in eine der Dosen ein 20-Cent-Stück und die Dose wird verschlossen. Zusammen mit den restlichen Dosen kommt die Dose, die das Geldstück enthält, in einen durchsichtigen Beutel und ein Zuschauer darf sie durcheinanderbringen. Nun lässt du einen anderen Zuschauer in den Beutel greifen. Er soll versuchen, mit einem schnellen Griff die Dose herauszuholen, in der die Münze steckt.

Wahrscheinlich wird ihm dies nicht gelingen. Daran soll man sehen, wie schwierig und unwahrscheinlich es ist, bei einem Versuch auf Anhieb die richtige Dose zu erwischen. Dann bist du an der Reihe: Nachdem die Dosen im Beutel noch einmal gründlich durcheinandergebracht worden sind, greifst du in den Beutel und holst zielsicher mit einem Griff die richtige Dose heraus.

Geheimnis

Es ist nicht nur ein 20-Cent-Stück im Spiel, wie die Zuschauer glauben, sondern genauso viele, wie du Dosen benutzt. Und nun kommen die oben schon erwähnten Deckel zum Zuge: Man kann in die Vertiefung der Deckel jeweils ein 20-Cent-Stück so festdrücken, dass es von selbst nicht rausfällt (Bild 1). Natürlich dürfen die Zuschauer die Deckel nicht von dieser Seite sehen. Auch wenn du nun eine Dose mit einem solchen „gefüllten" Deckel verschließt, bleibt die Münze noch an ihrem Platz. Erst wenn du die Dose zwischen Daumen und Zeigefinger hältst, mit dem

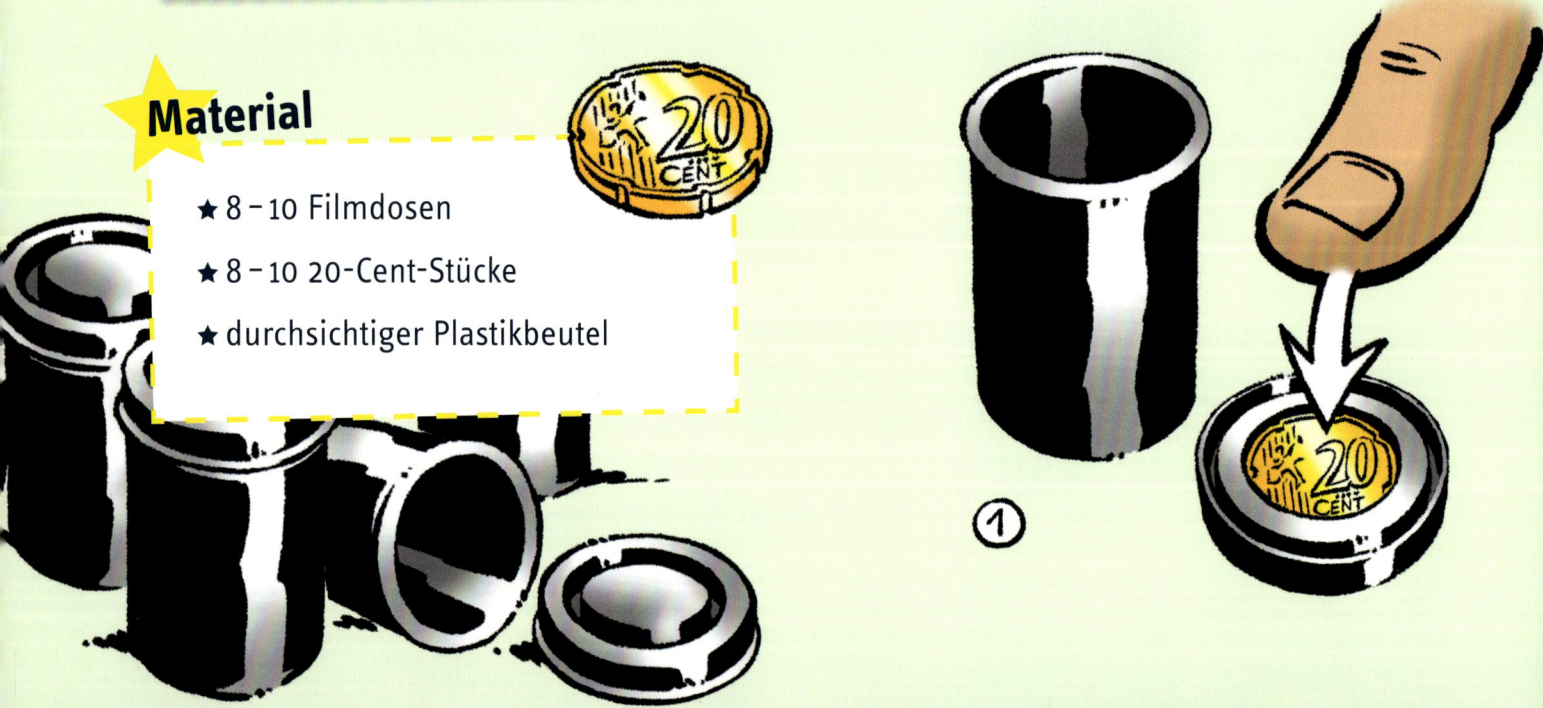

Material

★ 8 – 10 Filmdosen

★ 8 – 10 20-Cent-Stücke

★ durchsichtiger Plastikbeutel

①

Daumen auf dem Deckel, mit dem Zeigefinger am Boden der Dose, und mit dem Daumen mitten auf den Deckel drückst, fällt die Münze mit einem „Klack-Geräusch" in die Dose (Bild 2).

Vorbereitung

Außer den Dosen brauchst du noch einen größeren durchsichtigen Plastikbeutel, zum Beispiel einen Gefrierbeutel. Um mit dem Trick zu beginnen, fehlen dir jetzt nur noch genauso viele 20-Cent-Stücke, wie du Dosen hast. In jeden bis auf einen Deckel kommt eine Münze. Die Dosen schließt du und wirfst sie in den Beutel. Die letzte leere Dose kannst du ebenfalls verschließen und obenauf in den Beutel geben, du musst dir bloß merken, welches die leere Dose ist.

Vorführung

★ Zeig den Beutel mit den Dosen und sag: *„In diesem Beutel habe ich einige leere Film-dosen, wie Sie sie alle kennen."* Nun holst du die Dosen nacheinander aus dem Beutel, wobei du sie ein wenig schüttelst, um zu demonstrieren, dass sie leer sind. Verlier dabei aber nicht die leere Dose aus den Augen.

★ Dann sagst du: *„In eine davon legen Sie bitte dieses 20-Cent-Stück und verschließen die Dose."* Bei diesen Worten nimmst du die einzige leere Dose und überreichst sie zusammen mit dem 20-Cent-Stück, das du vom Tisch oder aus der Tasche holst, einem der Anwesenden. Während er die Münze in der Dose verstaut, legst du die restlichen Filmdosen wieder in den Beutel.

★ Dann hältst du dem Zuschauer den Beutel mit den Worten hin: *„Würden Sie nun bitte die Dose in den Beutel zurückgeben und die Dosen etwas durcheinanderbringen?"* Du selbst hältst ihm dabei den Beutel hin, damit er ihn nicht so wild schüttelt, dass sich die 20-Cent-Stücke aus dem Deckel lösen.

★ Jetzt gehst du zu einem anderen Zuschauer, hältst ihm den Beutel hin und sagst: *„Greifen Sie doch einmal hinein und versuchen Sie, mit einem Griff die Dose herauszuholen, in der sich das 20-Cent-Stück befindet."*

★ Sobald der Zuschauer zugreifen will, ziehst du den Beutel zurück und sagst: „Aber nicht mogeln und alle Dosen schütteln – einfach reingreifen und irgendeine herausnehmen."

★ Falls es – was wahrscheinlich ist – nicht gelingt, sagst du: „Das wäre ja auch ein Zufall gewesen bei so vielen Dosen." Findet er zufällig die richtige Dose, beglückwünschst du ihn zu seinem Glück und lässt es ihn gleich noch einmal probieren. Diesmal wird er dann (hoffentlich) danebengreifen.

★ Nun kommt dein großer Moment: Noch einmal lässt du die Dosen mischen, dann greifst du so in den Beutel, dass die Zuschauer sehen können, dass deine Hand leer ist. Sonst behaupten sie später, du hättest einfach eine Münze in deiner Hand versteckt gehalten und diese dann scheinbar aus dem Beutel geholt.

★ Jetzt kommt die eigentliche Trickhandlung, die die Zuschauer nicht bemerken dürfen: Du ergreifst nämlich im Beutel die erstbeste Dose, die du zu fassen kriegst, und drückst, wie oben beschrieben, unbemerkt mit Daumen und Zeigefinger auf Deckel und Boden der Dose, sodass sich das 20-Cent-Stück aus dem Deckel löst. Es kann natürlich auch passieren, dass du zufällig die Dose erwischst, in die der Zuschauer zu Beginn das Geldstück gelegt hat. Aber das merkst ja nur du (weil sich kein 20-Cent-Stück aus dem Deckel löst).

★ Sofort kommst du mit deiner Hand wieder aus dem Beutel hervor und schüttelst die Dose, damit deine Zuschauer die Münze hören können. „Mit sicherem Griff" hast du die „richtige" Dose aus den vielen gleichen herausgefunden.

Tipp

Wenn du die Dosen für diesen Trick aussuchst, musst du etwas aufpassen. Es gibt nämlich zwei verschiedene Arten von Deckeln, die äußerlich völlig gleich aussehen. Bei den einen kann es passieren, dass die Münze sich nach kurzer Zeit von selbst löst. Du solltest also, bevor du das Kunststück vorführst, die geschlossenen Dosen mit den Münzen im Deckel testen. Lass sie eine halbe Stunde stehen und sieh dann nach, welcher Deckel sich für den Trick eignet und welcher nicht.

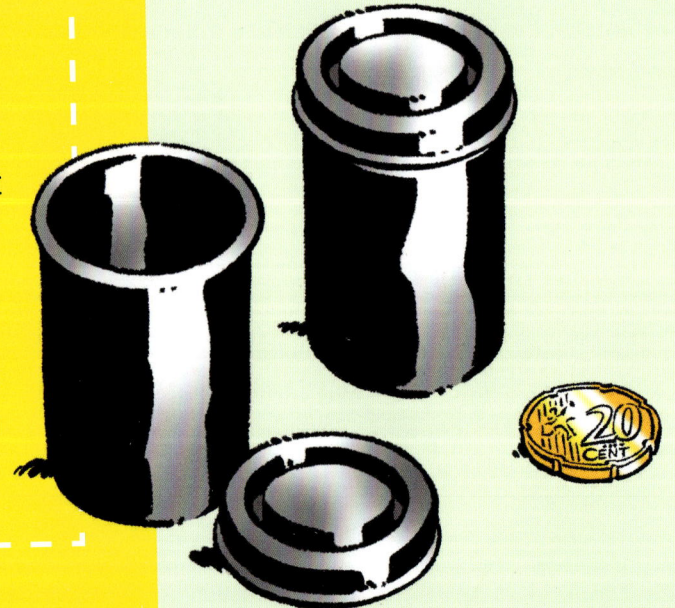

Nasse Farben

Beim nächsten Kunststück benutzen wir Wasser. Die Gefahr ist, dass es verschüttet wird und so die Requisiten ruiniert. Wenn ein Glas während der Vorstellung umkippt, kann man nicht einfach weiterzaubern. Aber gerade die Zauberei mit Flüssigkeiten kann sehr verblüffend wirken!

Effekt

Bei diesem Zaubertrick ändert das Wasser seine Farbe. Du hast drei halb volle Gläser mit klarem Leitungswasser vor dir stehen. Aus einem Krug gießt du eine violette Flüssigkeit in das erste Glas und das Wasser färbt sich sofort violett. Eigentlich klar. Nun gießt du auch in das zweite Glas etwas von der violetten Flüssigkeit und das Wasser färbt sich grün! Beim dritten Glas wird das Wasser dann rot. Wenn du den Trickablauf mit anderen Kunststücken vergleichst, wirst du feststellen, dass

er eigentlich keinen Höhepunkt hat, es fehlt die Spannung. Deshalb erzählst du eine Geschichte um den Trick herum und baust so die Spannung künstlich auf. Um dir das Lernen der Geschichte zu erleichtern, haben wir sie als Gedicht verfasst.

Geheimnis

In den Gläsern ist kein klares Leitungswasser. Das heißt, im ersten schon, aber die anderen beiden sind präpariert.

Vorbereitung/Präparation

Du brauchst einige Rotkohlblätter oder etwas gefrorenen Rotkohl, um die violette Flüssigkeit herzustellen. Für die Färbung der anderen beiden Gläser brauchst du etwas Essig und etwas Natron. Natron kann man in vielen Supermärkten kaufen.

★ Um die violette Flüssigkeit herzustellen, zerschneidest du die Rotkohlblätter und übergießt sie dann mit heißem Wasser. Frischer Rotkohl färbt das Wasser wesentlich intensiver als gefrorener, und es ergibt eine kräftige violette Färbung, die von der roten Flüssigkeit gut zu unterscheiden ist. Um eine besonders intensive Färbung zu erreichen, musst du den übergossenen Rotkohl eine Nacht stehen lassen.

★ Vor der Vorführung füllst du in die Gläser etwas Wasser. Das erste Glas bleibt, wie es ist, in das zweite verrührst du eine Löffelspitze Natron und in das dritte einen Schuss Essig. Fertig! Wenn du nun das Rotkohlwasser aus einem Krug in die Gläser schüttest, färbt sich das Wasser grün und rot. Bevor du dieses Kunststück das erste Mal vor Zuschauern zeigst, solltest du es natürlich ausprobieren. Dann kannst du auch feststellen, ob du genug Essig

und Natron genommen hast und wie viel Wasser in die Gläser muss, um eine gute Färbung zu erzielen. Merk dir die Mengen, die du gebraucht hast.

Vorführung

Natürlich kannst du nicht einfach anfangen, ein Gedicht aufzusagen. Deshalb erklärst du deinen Zuschauern: *„Das nächste Kunststück ist eine kleine Geschichte von einem Zauberer in Gedichtform! Damit es nicht zu langweilig wird, habe ich einige Dinge mitgebracht, mit denen ich die Geschichte spielen möchte."*

Ein Zauberer sitzt stillvergnügt
in seinem Kämmerlein und übt.
Da klopft es laut
und als er schaut,
da stehn zwei Fremde draußen.

„Wir finden unsren Weg nicht mehr
und bitten Euch um Hilfe sehr!"
So *sagt der eine von den zwein.*
„Dann kommt doch erst einmal herein
und macht 'ne kleine Pause."

*Die beiden setzen sich und dann
bietet er was zu trinken an.
Er hat jedoch nur eins im Schrank:
den Spinnenbein-und-Kröten-Trank.
Der ist ja fast zum Grausen.*

Er gießt ein Gläschen davon voll
(erstes Glas vollschenken)
*die beiden finden's nicht so toll.
Sie sagen beide heftig:* „Nee!
Wir hätten lieber etwas Tee
oder ein Glas mit Brause."

*Der Zauberer schwenkt seine Hand,
die beiden schauen ganz gespannt.*
Dann gießt er ein – und es geschieht,
(zweites Glas vollschenken)
*wie man es hier ganz deutlich sieht,
ein Wunder in der Klause.*

*Im zweiten Glas ist grüner Saft,
der Zauberer hat es geschafft,
hat Pfefferminztee schnell gemacht.
Doch macht er weiter schon und lacht,
er hext nun ohne Pause.*

Deshalb braut er, wie ihr seht,
(drittes Glas vollschenken)
*noch etwas Hagebuttentee.
Dann plötzlich hat er wohl genug
von Tee, von Fremden, von Besuch
und zaubert sie nach Hause.*

⭐ **Tipp**

Ein kleiner Stolperstein bei diesem Kunststück könnte das Gedicht sein, denn wenn du es vor Publikum aufsagen willst, solltest du es wirklich gut können. Die Wirkung des Kunststücks könnte schnell verfliegen, wenn das Gedicht holprig aufgesagt wird. Also wie immer: Gut üben!

Der Schlusstrick

Nun sind wir fast am Schluss des Buches angekommen und möchten euch an dieser Stelle ein Kunststück erklären, das sich auch hervorragend als Abschluss eines Zauberprogramms eignet. In ganz vielen Zauberbüchern kann man lesen, dass sich als Schlusstrick eine *Produktion* besonders gut eignet. Das ist ein Trick, bei dem etwas herbeigezaubert oder eben (wie Zauberer sagen) produziert wird. Meistens geschieht das aus einem Behälter (zum Beispiel einer Kiste oder einem Zauberhut), der leer gezeigt wird und dann anschließend bis zum Rand mit Tüchern oder anderen Dingen gefüllt ist.

Wir benutzen dazu den Paravent der Ringbefreiung, die auf den Seiten 50/51 erklärt ist. Er wird zusammen mit einem zweiten Paravent zu einer Röhre aufgebaut.

Material

Zwei Paravents

★ 2 alte Spielbretter oder 2 feste Pappstücke, je ca. 15 x 13 cm

★ Klebeband (am besten Gewebeband)

★ klein gemustertes Geschenkpapier

★ etwas Tonpapier

★ Schnur/Bindfaden

★ Beutel/Tüte

Füllmaterial

★ Tücher, verschiedene kleine Gegenstände

Spruchband

★ Schleifenband

★ Pappe

★ Schere

★ Stifte

Tipp

Du kannst den Paravent vom Kunststück „Die Ringbefreiung" benutzen. Dann solltest du den zweiten Paravent, den du für dieses Kunststück zusätzlich benötigst, genauso verzieren, sodass beide Paravents gleich aussehen.

Effekt

Der Zauberer baut auf dem Tisch aus zwei Paravents eine quadratische Röhre. Obwohl man beim Aufstellen genau sehen kann, dass außer den zwei flachen Teilen, in denen nichts versteckt sein kann, nichts benutzt wird, produziert der Zauberer nach einem Zauberspruch aus der Röhre zur Verblüffung des Publikums die verschiedensten Gegenstände.

Geheimnis

Bevor es nun an die notwendige Bastelarbeit für dieses Kunststück geht, erklären wir dir, wie die Gegenstände in die Röhre kommen. In diesem Fall ist es keine geheime Klappe und kein doppelter Boden, sondern ein Beutel, der mit einer Schnur an einem Paravent befestigt ist und vor den Augen der Zuschauer verborgen bleibt.

Bastelanleitung

Paravent

Der Sichtschutz besteht genau wie bei der Ringbefreiung aus zwei Pappdeckeln, die beweglich zusammengeklebt sind, sodass man sie aufstellen kann. Aber dieser Paravent ist etwas anders präpariert:

★ Kleb zwei gleich große feste Pappen, etwa 15 x 30 cm an einer Längsseite mit Klebeband zusammen, sodass man sie an dieser Stelle zusammenklappen kann.

★ Bei diesem Paravent schneidest du die Schlitze nicht in den oberen Rand wie bei der Ringbefreiung, sondern klebst ein Stück Schnur mittig an (Bild 1).

★ Die Außen- und Innenseiten des Paravents kannst du nach deinem Geschmack verzieren. Das aufgeklebte Papier soll die Schnur verbergen, sodass der Zuschauer diese während der Vorführung nicht bemerkt.

★ An dieser Schnur wird der Beutel befestigt, sodass er hinter dem Paravent hängt, wenn dieser aufgestellt wird (Bild 2).

Der Beutel kann aus Stoff sein, du kannst aber auch eine kleine Plastiktüte oder ein zusammengelegtes Tuch verwenden. Wichtig ist, dass der Beutel mit einer Schleife an der Schnur befestigt wird, sodass du ihn während der Vorführung leicht lösen und öffnen kannst.

Füllmaterial

Was kann man alles produzieren? Sicher fallen dir viele lustige Sachen ein. Luftschlangen eignen sich sehr gut. Man kann sie wie ein langes Band aus dem Becher ziehen. Oder frag deine Mutter, ob sie noch eine Babysocke von dir hat, denn die Zuschauer finden es immer lustig, wenn ein kleiner Strumpf erscheint. Prinzipiell sind alle Dinge gut, die sich klein zusammenlegen lassen und, wenn sie erscheinen, größer aussehen, als sie wirklich sind.

Wenn du das Kunststück wirklich als Letztes in deinem Zauberprogramm zeigst, ist ein Spruchband mit einer Verabschiedung besonders gut für die Produktion geeignet.

★ Du brauchst dafür ein Schleifenband aus Seide. Außerdem schneidest du kleine Scheiben oder Quadrate aus Papier oder dünner Pappe aus, und zwar so viele, wie dein Abschiedstext Buchstaben hat (bei „Auf Wiedersehen" sind es 15, eine Scheibe ist dabei für den Zwischenraum zwischen den beiden Wörtern). Die Scheiben können verschiedene Farben haben und müssen so groß sein, dass sie leicht aus dem Beutel gezogen werden können.

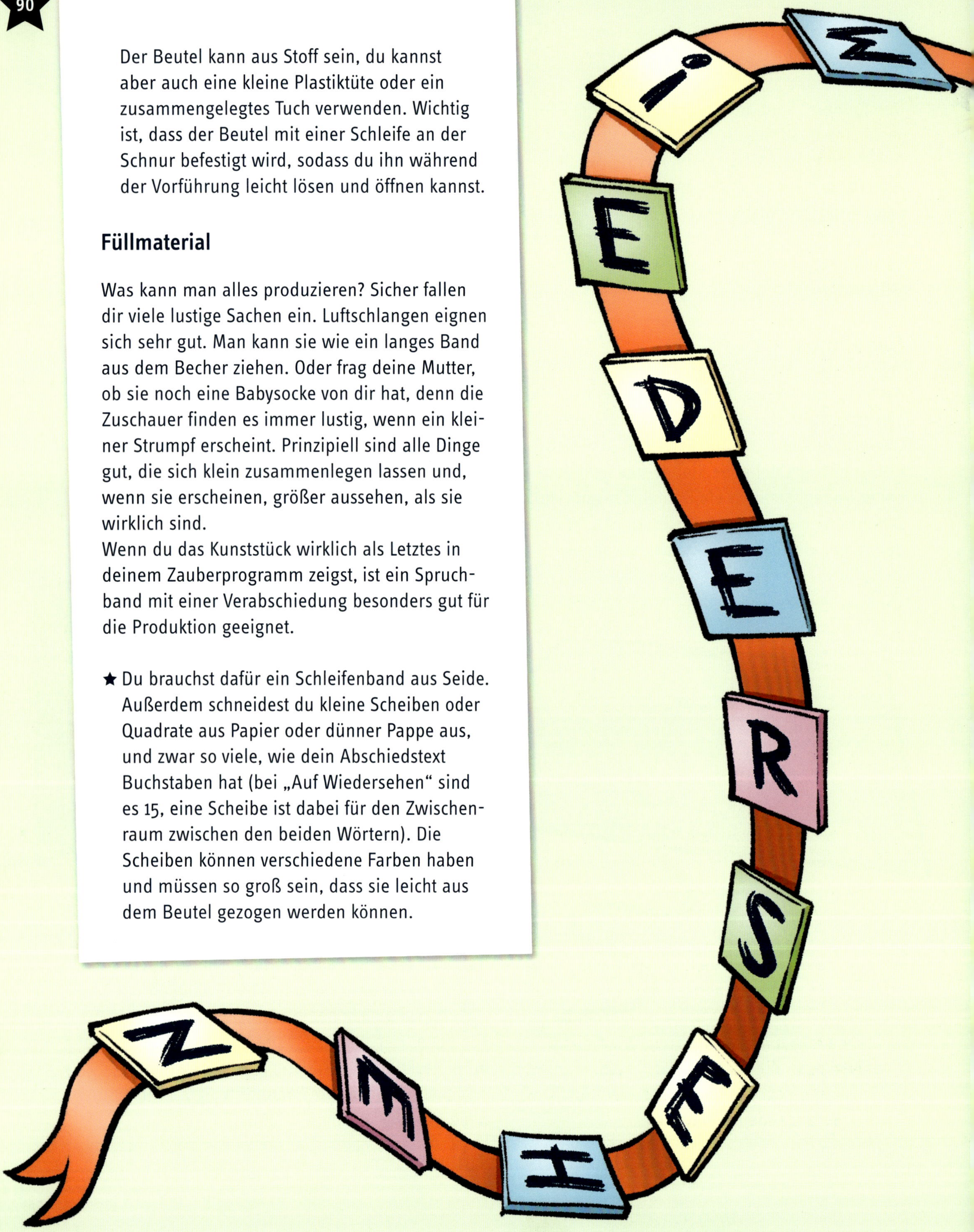

★ Als Nächstes schreibst du deinen Text in deutlichen und dicken Buchstaben auf die Scheiben, damit deine Zuschauer ihn gut lesen können. Dann klebst du die Scheiben in gleichmäßigen Abständen auf das Schleifenband.

★ Wenn du nun die ganze Girlande mit dem letzten Buchstaben zuerst in den Beutel steckst und das Band ziehharmonikaartig zwischen den einzelnen Scheiben faltest, wirst du feststellen, dass alles gar nicht so viel Platz wegnimmt und noch viel Platz für andere Produktionsgegenstände im Beutel bleibt.

Vorbereitung

Vor der Vorführung steckst du die Produktionsgegenstände in den Beutel und befestigst diesen mit einer Schleife an der Schnur des Paravents. Der Paravent wird nun flach auf den Tisch gelegt und zwar so, dass die Seite mit der Schur hinten ist und der Beutel hinter dem Tisch herabhängt (Bild 3). Eventuell musst du eine Decke für den Tisch benutzen, denn die Zuschauer dürfen den Beutel auf gar keinen Fall sehen. Der Paravent ist aufgeklappt und die Außenseite zeigt nach oben.

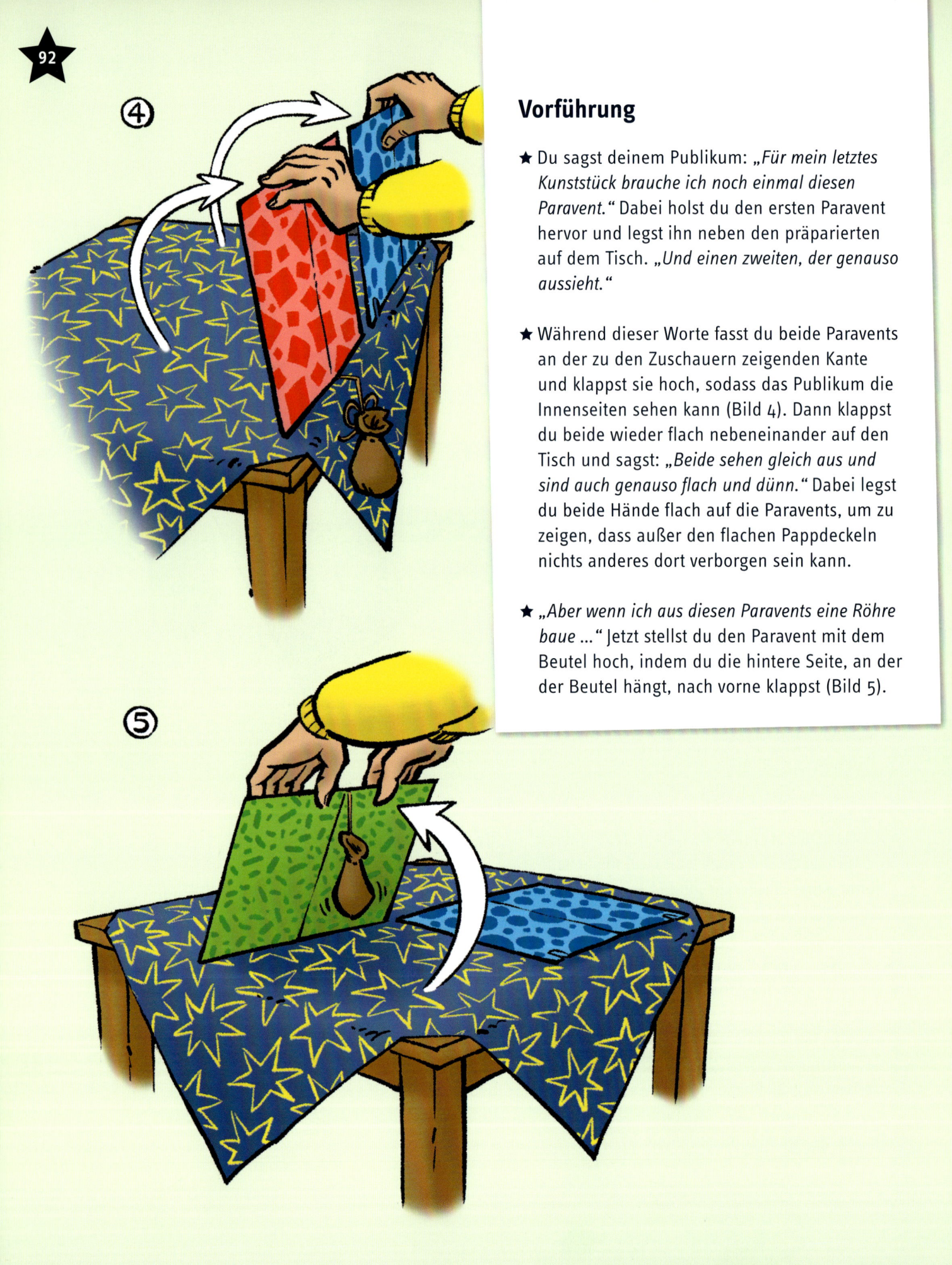

④

⑤

Vorführung

★ Du sagst deinem Publikum: *„Für mein letztes Kunststück brauche ich noch einmal diesen Paravent."* Dabei holst du den ersten Paravent hervor und legst ihn neben den präparierten auf dem Tisch. *„Und einen zweiten, der genauso aussieht."*

★ Während dieser Worte fasst du beide Paravents an der zu den Zuschauern zeigenden Kante und klappst sie hoch, sodass das Publikum die Innenseiten sehen kann (Bild 4). Dann klappst du beide wieder flach nebeneinander auf den Tisch und sagst: *„Beide sehen gleich aus und sind auch genauso flach und dünn."* Dabei legst du beide Hände flach auf die Paravents, um zu zeigen, dass außer den flachen Pappdeckeln nichts anderes dort verborgen sein kann.

★ *„Aber wenn ich aus diesen Paravents eine Röhre baue ..."* Jetzt stellst du den Paravent mit dem Beutel hoch, indem du die hintere Seite, an der der Beutel hängt, nach vorne klappst (Bild 5).

★ Der Beutel wird nach oben hinter den Paravent gezogen, dessen Seitenteile du dann zu dir ziehst, sodass er auf dem Tisch stehen bleibt (Bild 6). Dann nimmst du den zweiten Paravent und stellst ihn hinter den ersten, sodass beide zusammen eine viereckige Röhre bilden. Beim Hochklappen des ersten Paravents musst du darauf achten, dass du die Seiten erst nach hinten klappst, wenn der Paravent senkrecht steht, sonst können die Zuschauer eventuell den Beutel sehen.

★ *„... und einen Zauberspruch sage, dann erscheinen tatsächlich Dinge in dieser Röhre. Mal sehen, was drin ist."* Du greifst in die Röhre, löst die Schleife und beginnst auszupacken, was in dem Beutel ist. Du solltest dies etwas üben, damit du mit wenigen Handgriffen die Produktion beginnen kannst.
Wenn du dann so tust, als ob du selbst überrascht wärst, was und wie viel in der Röhre steckt, wirkt es noch viel besser.

★ Kommst du schließlich zu deiner Buchstabenkette, sagst du: *„Oh, da ist sogar noch eine Botschaft drin: A – U – F – W – I – E – D ..."* Umständlich versuchst du zu entziffern, was auf den einzelnen Scheiben steht, bis dir schließlich die Erleuchtung kommt und du sagst: *„Ach, ‚Auf Wiedersehen' steht da. Ich hatte ja auch schon gesagt, dass dies mein letztes Zauberkunststück ist, und deshalb sage ich jetzt wirklich: Auf Wiedersehen!"*

★ Du verbeugst dich und damit sollte allen Zuschauern klar sein, was sie jetzt zu tun haben: Applaudieren.

DIE ZAUBERSHOW

Du wirst von deinen Verwandten und Bekannten als Zauberer viel ernster genommen und erzielst eine viel größere Wirkung, wenn du deine Kunststücke in einem passenden Rahmen vorführst. Zeig also besser nicht bei jeder Gelegenheit ein einzelnes Kunststück, sondern zauber lieber nur ab und zu, dann aber so, dass die Vorführung zu einem ganz besonderen Ereignis wird: Veranstalte eine Zaubershow!

Die Zaubershow

Gelegenheiten

Eins ist für eine Zaubershow absolut unverzichtbar – das Publikum. Da es wahrscheinlich am Anfang kaum so sein wird, dass die Menschen aus allen Ecken herbeiströmen, um dich zaubern zu sehen, musst du da zaubern, wo schon einige versammelt sind. Das kann zum Beispiel bei Familienfeiern sein, bei einem Nachbarschaftsfest oder einer anderen Veranstaltung, bei der sich mehrere Menschen treffen. Ganz wichtig für dich ist dabei, dass du jemanden aus dem Publikum gut kennst, denn dann bist du weniger aufgeregt. Obwohl es solche Gelegenheiten natürlich nicht ständig gibt, solltest du für den Anfang versuchen, eine Zaubershow dann einzustudieren, wenn du weißt, dass du sie zwei- oder dreimal hintereinander vorführen kannst. Dann lohnt sich der Aufwand und du bist auch gut in Übung.

Auftrittsorte

Es ist ziemlich unwahrscheinlich, dass du im Stadttheater oder auf der Bühne einer großen Halle auftreten wirst, dazu eignen sich unsere Kunststücke auch nicht. Bei den oben beschriebenen Gelegenheiten wird die Zaubershow eher im Wohnzimmer oder im Partykeller stattfinden.

Der Raum

Oft kannst du dir den Raum, in dem du zauberst, nicht aussuchen. Er hängt ab von den Räumlichkeiten, in denen die Feier stattfindet. Es gibt aber trotzdem ein paar Dinge, die du beachten solltest. Schau dir den Raum am besten vor deinem Auftritt an. Grundsätzlich ist es besser, drinnen als draußen zu zaubern. Viel zu leicht werden die Zuschauer im Freien abgelenkt und es ist auch häufig schwieriger, einen geeigneten Platz zu finden – ganz abgesehen von den Schwierigkeiten, wenn dir der Wind deine Requisiten wegbläst.

Sitzplätze für alle

Alle Zuschauer sollten, wenn möglich, eine Sitzgelegenheit haben. Erstens kann jemand, der sitzt, sich nicht bewegen, während jemand, der steht, auch mal einen Schritt zur Seite oder nach vorne macht, um etwas besser sehen zu können. Zweitens kann gerade ein Erwachsener, der steht, viel besser von oben auf deine Requisiten schauen als jemand, der sitzt. Dies ist zum Beispiel beim Puzzle-Trick von großer Bedeutung. Dabei müssen natürlich die Stühle so stehen, dass dich auch alle von vorn sehen können – genauso wie in einem Theater. Bevor du die Stühle aufstellst, musst du natürlich wissen, in welcher Ecke des Raumes du zauberst – wo also die „Bühne" ist.

Die Position der „Bühne"

Drei Dinge sind dabei wichtig:

★ Du baust deine Requisiten so auf, dass du eine Wand hinter dir hast, also von hinten nicht gestört werden kannst.

★ Wenn es geht, stellst du dich genau gegenüber der Tür auf, damit du nicht jedes Mal unterbrechen musst, wenn mal jemand während der Vorstellung rein- oder rausgeht.

★ Am besten ist es, wenn sich hinter dir eine glatte Wand befindet, also kein Schrank oder Bücherregal. Bilder, die dort hängen, kann man vor der Vorstellung vielleicht abnehmen. Das ist deshalb wichtig, damit die Zuschauer sich auf dich konzentrieren und alles, was du machst, gut erkennen können. Manchmal kann man sich einen solchen Bühnenhintergrund schaffen, indem man ein Bettlaken über das Regal oder den Schrank hängt.

Das Licht

Auf keinen Fall solltest du vor einem Fenster zaubern, weil dann die Zuschauer leicht geblendet werden. Für die Atmosphäre ist es noch besser, wenn der Raum so beleuchtet wird, dass es dort, wo du stehst, ganz hell ist, und dort, wo die Zuschauer sitzen, etwas dunkler. Das geht häufig ganz einfach, indem man Vorhänge zuzieht oder eine Stehlampe auf die „Bühne" richtet. Wichtig ist, dass möglichst kein Licht hinter dir ist.

Vorbereitung

Es ist immer gut, wenn du deinen Auftrittsort etwas gestalten kannst. Am besten ist es, wenn du vor der Vorführung eine halbe Stunde dort ganz allein sein kannst – oder zu zweit, wenn dir jemand hilft. Dann kannst du alles vorbereiten und die Zuschauer kommen in den Raum, kurz bevor du beginnst.

Das Drumherum

Zu einer Zaubershow gehören nicht nur Zauberkunststücke und Zuschauer. Wenn du schon einmal in einer Theateraufführung oder im Zirkus warst, weißt du, dass dort eine ganz eigene Atmosphäre herrscht. Die kannst du natürlich nicht einfach in euer Wohnzimmer zaubern, aber du kannst schon etwas dafür tun, dass ein bisschen „Zaubertheater-Atmosphäre" entsteht.

Plakat

Auf einem selbst gemalten Plakat kannst du
deine Zaubershow ankündigen. Wichtig ist, dass
du nicht zu viel darauf versprichst. Wenn es deine
erste Vorstellung ist, solltest du nicht schreiben,
dass du der größte Zauberer der Welt bist. Das
Publikum ist dir gegenüber viel netter eingestellt,
wenn du realistisch bleibst. Du könntest zum
Beispiel schreiben: „Der Zauberlehrling".

Eintrittskarten

Wenn du ein Plakat für deine Show gemacht
hast, ist es einfach, nach demselben Motto
auch Eintrittskarten herzustellen. Der Titel
der Show, Ort und Zeit werden auf einen
Zettel geschrieben und bunt verziert. Wenn
du schon bei der Einladung zu einer Feier
weißt, dass du eine Zaubershow vorführst,
ist es eine hübsche Idee, die Eintrittskarten
direkt mit der Einladung zu verteilen. Die
Karten dürfen die Zuschauer nach der
Vorstellung behalten und haben so eine
Erinnerung an deinen Auftritt.

Dein Künstlername

Du bist ein Zauberkünstler. Vielleicht hast du dir sogar einen Künstlernamen überlegt? Das ist nicht unbedingt nötig – wir beide haben zum Beispiel keinen Künstlernamen. Aber manchmal, besonders wenn man anfängt zu zaubern, kann ein solcher Name nützlich sein. Wenn du auf dein Plakat nicht schreibst, dass Klaus Meier (oder wie immer du heißt) einige Zaubertricks zeigt, sondern dass der Zauberkünstler „KlaMei" mit seinen Kunststücken zu sehen ist, bist du der Schauspieler, der diesen Zauberkünstler spielt. Wenn zum Beispiel Tante Hilde dazwischenrufen will: „Klaus, wie machst du das?", wird sie durch deine Rolle als KlaMei etwas davon abgehalten. Die ganze Show ist dann mehr ein Theaterstück, bei dem die Zuschauer ja auch nicht einfach dazwischenrufen.

Deine Kleidung

Als Zauberer solltest du nicht in kurzer Hose und Badelatschen auftreten, sondern dir etwas Mühe mit deiner Kleidung geben. Grundsätzlich gilt hier das Gleiche wie bei den Requisiten: Alles sollte gepflegt, sauber und ordentlich sein. Eine gute Grundausstattung sind eine dunkle Hose mit passenden Schuhen und einem weißen Hemd. Dazu kommen dann noch die typischen Zauberkleidungsstücke: Zauberhut, Umhang und Zauberstab.

Als Hut kann ein alter Zylinder dienen. Aber auch ein Spitzhut kann dich in einen Zauberer verwandeln. Du kannst ihn dir selbst basteln: Schneide dafür aus Tonpapier einen Kreis von ca. 25 cm Durchmesser aus. Diesen schneidest du vom Rand her bis zur Mitte ein. Schieb die Schnittstellen passend zu deiner Kopfgröße übereinander und kleb oder hefte sie zusammen (siehe Bilder).

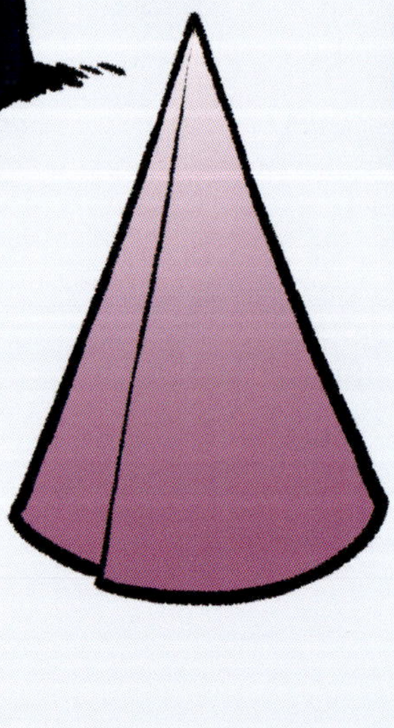

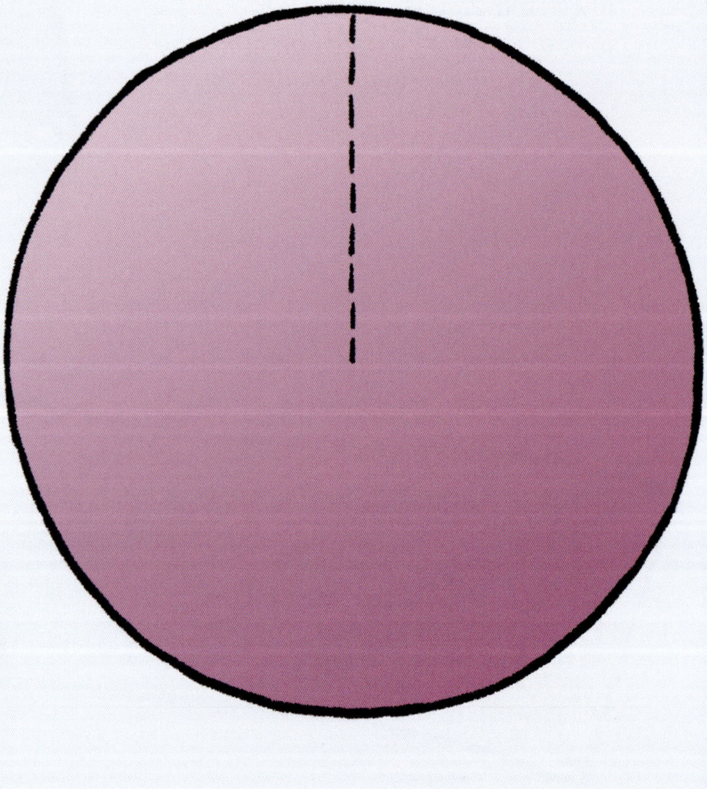

Als Umhang dient ein großes Tuch, das du dir um den Hals knotest. Solche Tücher findest du wahrscheinlich im Kleiderschrank deiner Mutter – vorher fragen! Eine Weste sieht auch sehr schick aus. Selbstverständlich kann ein Zauberer auch ganz anders aussehen, etwa wie ein Clown, eine Fee oder Hexe oder einfach ganz bunt. Du solltest dich aber auf jeden Fall irgendwie verkleiden, damit deine Zuschauer wissen, dass etwas Besonderes passiert. Wenn du eine andere Verkleidung wählst, sollte es beim Zaubern immer die gleiche sein. Dann kann das Publikum erkennen, was passieren soll: Du trittst als Zauberkünstler mit deiner Show auf!

Den Zauberstab, das Wahrzeichen des echten Zauberers, bastelst du dir ganz einfach selber: Ein runder Holzstab, ca. 30 cm lang, wird schwarz bemalt oder mit Klebefolie umklebt. Zum Schluss werden die beiden Enden weiß bemalt oder beklebt (siehe oben).

Musik

Du bist nun in dem Raum, in dem die Vorführung stattfindet, die Zuschauer kommen herein und setzen sich – und das kann dauern! Erst wenn alle ruhig sind, kannst du beginnen. Dabei kann dir Musik helfen. Sie könnte erstens als Zeichen dazu dienen, dass die Zuschauer nun hereinkommen dürfen, zweitens hören sie schon etwas und beenden vielleicht ihre Unterhaltung etwas eher. Drittens ist dann das Ausschalten der Musik ein deutliches Zeichen, dass du beginnen willst. Das Gleiche gilt natürlich in umgekehrter Reihenfolge für das Ende deiner Show.

Aber welche Musik passt am besten? Du willst ja schließlich etwas Theateratmosphäre zaubern. Du solltest Musik nehmen, die du auch magst. Etwas Instrumentales, vielleicht etwas Geheimnisvolles, Orientalisches oder gar gruselig Spannendes sorgt bestimmt für eine gute Einstimmung in eine Zaubershow. Aber auch Zirkusmusik oder bekannte klassische Lieder können einen passenden Rahmen schaffen.

Die Auswahl der Kunststücke

Welche Kunststücke du in deiner Show vorführst, hängt sicher davon ab, welche dir am besten gefallen. Aber einige Dinge solltest du beachten: Versuch möglichst verschiedene Effekte und Requisiten einzusetzen. Außerdem eignen sich einige Kunststücke besser für den Anfang und andere besser für den Schluss. Um dir die Planung des ersten Auftritts zu erleichtern, haben wir aus den zuvor beschriebenen Kunststücken einige ausgewählt und daraus eine Zaubershow zusammengestellt.

Die Kunststücke

★ Aus zwei mach eins!

★ Der Einhandknoten

★ Die Ringbefreiung

★ Eine starke Vorhersage

★ Der sichere Griff

★ Der Memo-Trick

★ Weggedacht

★ Der Schlusstrick

Vielleicht denkst du, dass das viel zu wenige Kunststücke sind. Aber auch hier gilt: Nicht, wie lange man zaubert, ist entscheidend, sondern wie gut. Und es ist allemal besser, wenn die Zuschauer denken: „Schade, dass es schon zu Ende ist!", als wenn sie froh sind, wenn du endlich aufhörst.

Die Vorbereitungen

Die Trickbeschreibungen hast du ja alle schon gelesen, aber jetzt müssen wir noch einmal überlegen, was sich dadurch verändert, dass du nicht nur ein Kunststück vorführst, sondern mehrere hintereinander. Vor allen Dingen musst du wissen, was du als Ablage und Abstellfläche brauchst.

Möbel

★ Du brauchst einen kleinen Tisch mit einer Decke und einen Stuhl mit geschlossener Lehne oder der mit einer Decke oder einem Tuch zugehängt ist. Der Tisch steht in der Nähe der Zuschauerstühle, der Stuhl mit der Lehne nach vorne etwas weiter hinten seitlich vom Tisch. Der Stuhl dient dir als Ablage, während der Tisch der Ort ist, auf dem du zauberst.

★ Unter den Tisch stellst du eine Kiste oder einen Eimer, die die Zuschauer nie sehen werden. Dort legst du die Requisiten hinein, die du schon gebraucht hast, damit sie nicht mit denen, die du noch brauchen wirst, durcheinandergeraten.

★ Du benötigst noch einen Ständer, in dem du den Umschlag mit der Vorhersage und die Zaubermappe abstellen kannst. Du kannst dafür einen Buchständer verwenden, den du dir aus einem Stück Pappe leicht auch selbst basteln kannst. Dann kannst du ihn so verzieren, dass er auch zauberhaft aussieht: Du knickst dazu ein DIN A4-großes Stück Pappe oder Tonkarton einmal in der Mitte. Dann faltest du an den beiden unteren Rändern jeweils noch einmal ca. 1 cm um. Wenn du die Pappe nun wie ein Dach aufstellst, kannst du den Umschlag oder die Mappe gut darauf ablegen.

Requisiten

Du benötigst für den Auftritt folgende Requisiten:

★ ein Zauberseil

★ zwei Pappringe

★ präparierten Paravent

★ präparierten Block mit dem Stift

★ Umschlag mit dem vorhergesagten Rechenergebnis

★ einige Filmdosen, die mit 20-Cent-Stücken „geladen" sind

★ ungeladene Dose und 20-Cent-Stück

★ durchsichtigen Plastikbeutel

★ 20 Memokarten

★ Zaubermappe mit vier Karten „geladen"

★ vorbereitetes Kartenspiel

★ fünf Umschläge mit jeweils einer Karte

★ weiteren präparierten Paravent mit Beutel (Beutel hängt an der Tischkante runter)

★ Beutel mit Ladung (Tücher, Luftschlangen, verschiedene kleine Gegenstände, Spruchband)

So sind die Requisiten am Anfang deiner Vorstellung aufgestellt:

★ Das Zauberseil ist für den Trick „Aus zwei mach eins!" präpariert und wird so über die Stuhllehne gelegt, dass die Trickstelle hinter dem Stuhl hängt und vorne zwei Seilenden zu sehen sind.

★ Ein Pappring befindet sich im geheimen Fach des Paravents, der so auf dem Tisch steht, wie du es später für das Kunststück brauchst. Der zweite Pappring liegt auf dem Tisch vor dem Paravent.

Auf der Sitzfläche des Stuhls ordnest du die restlichen Requisiten so an:

★ Vor die Rückenlehne stellst du die fünf geladenen Umschläge für den Zaubermappentrick so auf, dass du mit einem Griff den richtigen ergreifen kannst.

★ Davor legst du die Zaubermappe und darauf das vorbereitete Kartenspiel.

★ Die 20 Memokarten legst du nach unserem Trickspruch sortiert in einem Stapel daneben.

★ Der Ständer mit dem Umschlag mit dem Rechenergebnis, dem Block und dem Stift stehen links vor der Mappe.

★ Neben der Mappe liegt der Beutel mit den Filmdosen, die ungeladene Filmdose und das 20-Cent-Stück sind ebenfalls darin.

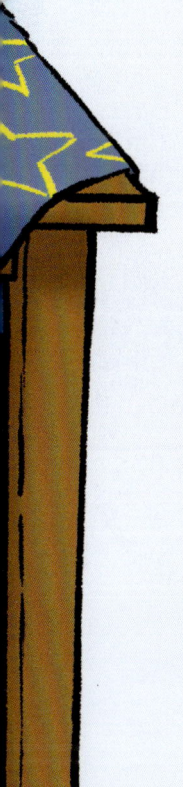

Nun sind alle Requisiten für ein Kunststück zusammen und alles steht so, dass du es in der Reihenfolge, wie du es brauchst, gut aufnehmen kannst. Das ist ganz wichtig, denn während deiner Vorstellung bist du wahrscheinlich aufgeregt genug. Wenn du dann noch überlegen müsstest, wo welche Requisiten sind, würdest du bestimmt durcheinanderkommen. Noch ein Wort zur Ladung im Beutel: Dies ist unser Schlusstrick und deshalb solltest du den Vorschlag aus der Trickbeschreibung befolgen und dir eine Buchstabenkette basteln, auf der AUF WIEDERSEHEN steht. Die produzierst du dann, nachdem du alles andere herausgeholt hast (Bonbons, Luftschlangen ...), und signalisierst das Ende der Show!

Die Vorführung

Wenn du das folgende Programm liest, wirst du sicher sagen: „Das kannte ich ja schon alles." Stimmt auch! Aber erstens ist die Vorbereitung mehrerer Kunststücke etwas anderes als ein Einzeltrick und zweitens ist es wichtig, dass du zwischen den Kunststücken weißt, was du sagst. *„Jetzt zeige ich das nächste Kunststück!"* oder *„Und nun ..."* ist zu wenig. Wenn du also ein eigenes Programm zusammenstellst, achte neben dem Einstudieren der Einzelkunststücke auf folgende Punkte:

★ Was sage ich zur Begrüßung, als Überleitung zwischen den Kunststücken und als Verabschiedung?

★ Wo kommen die benutzten Requisiten hin, damit sie mich nicht beim weiteren Ablauf der Show behindern?

Doch nun ist alles bereit, der Zylinder wird gerade gerückt, die Musik angestellt. Die Tür geht auf und die Zuschauer kommen herein.

★ Du stehst neben deinem Zaubertisch und lächelst sie an. *„Bitte nehmen Sie Platz! So, dass alle gut sehen können! Danke!"* Du sprichst mit den Zuschauern und hilfst ihnen, einen guten Platz zu finden. Denjenigen, der an der Seite stehen bleiben will (weil er hofft, dir von dort auf die Schliche zu kommen), bittest du höflich, sich auch hinzusetzen: *„Würden Sie sich bitte auch hinsetzen, es ist für alle Platz. Bitte, von dort macht es auch viel mehr Spaß!"*

★ Nachdem alle sitzen, wartest du noch etwas. Dann stellst du die Musik aus (vielleicht macht das auch ein Assistent auf ein Kopfnicken von dir?) und begrüßt nun offiziell dein Publikum: *„Liebes Publikum, ich freue mich sehr, Sie heute hier begrüßen zu dürfen und hoffe, dass Sie sich gut unterhalten werden. Ich möchte Sie ein wenig in die Welt der Zauberei entführen und habe dafür einige Kleinigkeiten vorbereitet. Fangen wir an!*

★ *„Zuerst ein kleines Experiment mit zwei Seilen."* Dabei zeigst du auf die beiden Seilenden an der Stuhllehne. Du nimmst jetzt das präparierte Zauberseil in die Hand. Dabei drehst du dem Publikum kurz den Rücken zu, damit es nicht sieht, wie du die Seile ergreifst. Du kannst es zwar sicher auch so, dass das Publikum dabei zuguckt, aber es ist das erste Kunststück und du bist garantiert so nervös, dass es vielleicht doch nicht klappt.

★ *„Diese beiden Seile sollen bei einem spannenden Knotenexperiment die Hauptrolle spielen. Aber bevor ich damit beginne, möchte ich ganz kurz die Kraft meiner Zauberworte zeigen: Ich sage nur ‚Abrakadabra' und ... aus zwei Seilen wird ein einziges!"* Bei diesen Worten hast du an den beiden Enden des Seiles gezogen und es in seiner ganzen Länge gezeigt. Mit dem Seil in den Händen verbeugst du dich kurz.

★ Wahrscheinlich klatschen die Zuschauer jetzt. Das ist schön und du solltest dich darüber freuen – aber bitte nicht zu lange. Nach kurzer Zeit verbeugst du dich wieder kurz und sagst dabei: *„Danke für den Applaus!"* Dann machst du weiter.

★ *„Nun ist das Seil auch lang genug, dass jeder es sehen kann, auch in der letzten Reihe! Ich hatte Ihnen ein Knotenexperiment versprochen. Einen Knoten mit zwei Händen in das Seil zu machen, das kann jeder. Aber was tun, wenn man nur eine Hand frei hat? In einer Zaubervorstellung ist alles möglich. Ein Knoten mit einer Hand? Bitte schön!"* Während dieser Worte hast du das Seil für den Einhandknoten über deine Hand gelegt und beim letzten Wort den Knoten in das Seil geschlagen.

★ *„Aus zwei Seilen eins zaubern, es zu verknoten, das ist ja alles gut und schön. Aber wozu kann man so etwas gebrauchen?"* Bei diesen Worten hast du den Knoten wieder aus dem Seil gemacht.

★ *„Nun, wenn man ein Seil perfekt beherrscht, kann einem das schon helfen. Zum Beispiel, wenn man sich oder irgendetwas befreien will, wenn es mit einem Seil gebunden ist. Nein, ich werde kein Entfesselungs-Kunststück vorführen, aber eine kleine Befreiung."* An dieser Stelle führst du nun „Die Ringbefreiung" vor. Am Ende des Tricks legst du die Requisiten in die Ablage unter dem Tisch.

★ *„Das nächste Kunststück beschäftigt sich nicht mit der Beeinflussung von Gegenständen, sondern … mit der Zukunft. Vergangenheit, Gegenwart und Zukunft – es ist alles verwirrend: Die Zukunft von heute ist die Vergangenheit von übermorgen – alles höchst kompliziert. Kein Mensch kann wirklich die Zukunft voraussehen, aber es gibt da so Ahnungen. Als ich vorhin allein in diesem Raum war, habe ich versucht, mich auf Sie und den Raum einzustimmen … und dann habe ich etwas aufgeschrieben! Es steckt in diesem Umschlag, den ich für alle sichtbar hier auf den Tisch stelle!"* Bei diesen Worten hast du den Ständer mit dem Umschlag hervorgeholt, den Umschlag deutlich vorgezeigt und dann in den Ständer auf dem Tisch gelegt. Nun führst du „Eine starke Vorhersage" vor. Zum Schluss legst du alle gebrauchten Requisiten in die Ablage unter dem Tisch, nur der Ständer bleibt auf dem Tisch stehen.

★ *„Solche Gedankenkräfte sind sehr hilfreich – nicht nur beim Erahnen von Rechenergebnissen. Das nächste Experiment zeigt eine ganz andere Möglichkeit. Wissen statt Raten!"* Du holst den Beutel mit den Filmdosen hervor und legst ihn auf den Tisch. Dann nimmst du die leere Filmdose und das lose 20-Cent-Stück heraus. Jetzt folgt „Der sichere Griff". Zum Schluss wandert alles in die Ablage.

★ *„Sie fragen sich wahrscheinlich, warum ich nicht beim Lotto gewinne oder die Losbuden auf Jahrmärkten plündere, wenn ich schon solche Fähigkeiten habe? Nun, erstens klappt das alles nur, wenn man es zum Spaß macht – bloße Geldgier ist ein echtes Hindernis. Und zweitens kann man das alles lernen. Wenn das jeder machen würde, wäre es mit den Losbuden schnell vorbei. Und das will ich natürlich nicht! Sie glauben nicht, dass man das lernen kann? Nun, ich bin sicher, ein bisschen hat schon auf Sie abgefärbt. Versuchen wir es einmal. Diesmal nicht bei Zukunftswissen oder Loseziehen. Nehmen wir ein einfaches Kinderspiel: Memo."*

★ Du hast die Memokarten hervorgeholt und zeigst sie den Zuschauern. Wenn du nun den Memo-Trick vorführst, musst du zwei Dinge beachten und etwas anders machen als in der Trickbeschreibung: Da die Zuschauer nicht auf den Tisch gucken können, holst du einen Zuschauer zu dir nach vorne. Dieser stellt sich rechts vom Tisch auf, du links. Die Karten, die gezogen werden, müsst ihr immer hochhalten und dem Publikum zeigen. Während des Auslegens beschreibst du immer, was du tust, und bittest den Zuschauer, das zu bestätigen. *„Ich lege die Karten hier auf den Tisch verdeckt aus, wie immer beim Memo. Mache ich alles richtig? Sagen Sie dem Publikum bitte sofort, wenn etwas nicht stimmt!"* Durch deinen Assistenten bekommen die Zuschauer auch das mit, was sie selbst vielleicht nicht gut sehen können.

★ Das Ende des Kunststücks ist dann auch etwas anders: Wenn du und der Zuschauer eure Karten vergleicht, legt ihr sie nicht auf den Tisch, sondern haltet sie immer beide gleichzeitig hoch, sodass alle Zuschauer sie sehen können. Am Ende des Kunststücks schickst du den Zuschauer wieder auf seinen Platz und die Karten wandern in die Kiste unter dem Tisch.

★ *„Ich sage ja, man kann das alles lernen und es färbt auch etwas ab! Nachdem ich nun weiß, dass es solche Zauberkräfte auch im Publikum gibt, kann ich mich nun an ein Kunststück wagen, das ich sonst nicht zeigen würde. Ich benötige dazu nämlich die geistige Unterstützung des Publikums!"* Du zeigst nun das Kunststück „Weggedacht". Die Zaubermappe stellst du während der Vorführung in den Ständer auf den Tisch. Es ist immer besser, wenn du solche flachen Dinge wie Umschläge und Mappen in den Ständer stellst, wo sie jeder sehen kann. Wenn sie flach auf dem Tisch liegen, sind sie für die Zuschauer nicht zu sehen und dann vermuten sie alles Mögliche.

★ Nach dem Applaus wandern die Requisiten wieder unter den Tisch, diesmal auch der Ständer. Die vier nicht benutzten Umschläge lässt du auf dem Stuhl liegen, sonst wäre ja ein Teil des Tricks schon verraten.

★ Der Stuhl ist nun leer, der Tisch auch – Zeit für den Schlusstrick: *„Meine Damen und Herren, wenn es so weit ist, dass auch schon das Publikum Zauberkräfte entfaltet, dann muss ich langsam Schluss machen. Aber eines möchte ich Ihnen noch zeigen, als Dankeschön für Ihre Aufmerksamkeit."* Dabei holst du den Paravent vom Trick „Die Ringbefreiung" wieder unter dem Tisch hervor und legst ihn zu dem zweiten Paravent auf den Tisch.

★ Du zeigst den „Schlusstrick" und beendest dein Programm, indem du die Buchstabenkette hervorziehst: *„Was steht da? Auf Wiedersehen? Na, dann muss ich wohl wirklich Schluss machen ... Ich bedanke mich bei Ihnen! Danke schön! ... und vielleicht bis zum nächsten Mal."*

★ Nun sollten du oder dein Helfer die Musik wieder anstellen. Nachdem die Zuschauer genug applaudiert haben, werden sie den Raum verlassen. Sie haben jetzt ja genug gesehen, um sich den Kopf zu zerbrechen und sich zu unterhalten. Du wartest mit dem Aufräumen, bis der Letzte rausgegangen ist, dann kannst du dich hinsetzen, tief Luft holen und dich freuen, dass alles geklappt hat.

Tipp

Auf keinen Fall ist es eine große Tragödie, wenn etwas nicht klappt! Das kann passieren, besonders am Anfang. Während der Vorstellung beendest du das Kunststück einfach mit den Worten: *„Liebes Publikum, leider ist alles ganz anders gekommen, als ich es geplant hatte. Dieses Kunststück kann ich Ihnen nun leider nicht bis zum verblüffenden Schluss vorführen. Das tut mir leid, aber einem Zauberlehrling kann das schon mal passieren."* Dann packst du die Requisiten zur Seite und zeigst das nächste Kunststück. Ganz ruhig bleiben!

Nach der Vorführung solltest du jedoch gut überlegen, warum der Trick schiefging. Hattest du bei der Vorbereitung etwas übersehen? War die Präparation nicht gut genug? Hattest du nicht genug geübt oder ist dir in der Aufregung der Spruch nicht eingefallen? So kannst du dann dafür sorgen, dass das Kunststück beim nächsten Mal klappt.

Viel Spaß und Erfolg für deine ersten Zaubershows wünschen

Uwe und Michael!

Anhang

Der Magische Zirkel

Wenn du mehr über die Zauberkunst erfahren und mit anderen „Zauberkünstlern" deine Erfahrungen und Erlebnisse austauschen möchtest, kannst du dich beim Magischen Zirkel von Deutschland darüber informieren, wie du das machen kannst.

Der Magische Zirkel ist ein Verein, in dem sich rund 3000 Zauberkünstler aller Altersgruppen in ganz Deutschland zusammengeschlossen haben. Sein Ziel ist die Förderung der Zauberkunst, und er hat insbesondere für die Förderung von jungen Zauberbegeisterten verschiedene Angebote eingerichtet:

★ Es gibt in vielen Orten Deutschlands sogenannte Ortszirkel, in denen sich die Zauberkünstler aus der Gegend regelmäßig treffen und die häufig auch Kinder- und Jugendgruppen anbieten. Ob es in deiner Nähe eine solche Gruppe gibt, kannst du am besten im Internet auf der Seite des Magischen Zirkels nachschauen: www.mzvd.de.

★ Es gibt Jugendworkshops, bei denen bekannte Zauberkünstler Seminare für Kinder und Jugendliche geben, und einmal im Jahr veranstaltet der Magische Zirkel Jugendmeisterschaften im Zaubern.

★ Über diese Veranstaltungen und andere Themen, die für junge Zauberkünstler interessant sind, kannst du dich auf der Jugendseite des MZvD informieren: www.trixxbox.de. Über diese Seite kannst du unter anderem auch die Autoren dieses Buches erreichen und Fragen stellen, falls du mal nicht weiterweißt.

Bei Fragen kannst du dich auch an die Geschäftsstelle des Magischen Zirkels von Deutschland wenden:

Geschäftsstelle des MZvD
Manfred Geiß
Offenbacher Landstraße 460
60599 Frankfurt am Main
Tel.: 0 69 / 65 20 70
Fax: 0 69 / 65 19 58
E-Mail: geiss@mzvd.de

Impressum

Illustrationen: Jan Saße, Kittendorf
Fotografien: Julia Clayton, München
Coverillustration: Jan Saße, unter der Verwendung von 4 Farbfotos von
Julia Clayton
Umschlaggestaltung: Walter Typografie & Grafik GmbH, Würzburg

Haftungsausschluss:
Alle Angaben in diesem Buch folgen nach bestem Wissen und Gewissen.
Sorgfalt bei der Umsetzung ist indes dennoch geboten. Der Verlag und
die Autoren übernehmen keinerlei Haftung für Personen-, Sach- oder
Vermögensschäden, die aus der Anwendung der vorgestellten Materialien
oder Methoden entstehen können.

Unser gesamtes lieferbares Programm und viele weitere
Informationen zu unseren Büchern, Spielen,
Experimentierkästen, DVDs, Autoren und Aktivitäten
finden Sie unter **kosmos.de**

Gedruckt auf chlorfrei gebleichtem Papier

© 2012, Franckh-Kosmos Verlags-GmbH & Co. KG, Stuttgart
Alle Rechte vorbehalten.
ISBN 978-3-440-13128-2
Redaktion: Ulrike Leistenschneider
Lektorat: Uta Koßmagk
Produktion: Verena Schmynec
Layout und Satz: Walter Typografie & Grafik GmbH, Würzburg
Printed in Germany / Imprimé en Allemagne